A Study for
Congregations

예배를 디자인하라

제인 밴 지음
신형섭 옮김

Worship Matters
A Study For Congregations

by
Jane Rogers Vann

Translation by
Hyoung Seop Shin

English Edition ⓒ 2011 Jane Rogers Vann
Korean Edition ⓒ 2015 by Publishing House The Presbyterian Church of Korea

All rights reserved. No part of this book may be reproduced or transmitted in any form or by any means, electronic or mechanical, including photocopying, recording, or by any information storage or retrieval system, without permission in writing from the publisher. For information, address Westminster John Knox Press, 100 Witherspoon Street, Louisville, Kentucky 40202-1396.

Publishing House
The Presbyterian Church of Korea
Seoul, Korea

Worship Matters

A Study for Congregations

예배를 디자인하라

contents

worship matters

한국어판 저자 서문   06
역자의 글   14
들어가면서   18

01 왜 사람들은 예배에 대하여 말하지 않는가?   29
02 상징적 예배 언어들   51
03 모이는 하나님의 백성들 : 예배를 위한 장소   77
04 예배 공간 채우기 : 보이지 않는 은혜를 보게 돕는 상징물   101
05 예배를 표현하기 : 예배 안에서 우리 몸의 사용   129
06 예배와 시간 : 은총의 절기, 교회력   159
07 하나님을 찬양하고 선포함 : 예전적 언어   187
08 목소리를 높여라 : 예배 음악   213

한국어판 저자 서문

한국장로교 선교 초창기의 선교사들이 남긴 업적은 의심의 여지없이 현재 한국교회에 위대한 열매로 드러난다. 전 세계교회 안에서 한국장로교는 규모 면에서나 복음적 열정 면에 있어서 가장 큰 영향력을 미치고 있는 교단 중의 하나로서, 그리스도를 향한 한국 회중의 헌신과 신실함은 전 세계교회에 큰 영감을 주고 있다. 다른 선교지역에서 그러했던 것처럼, 한국에서 복음을 전한 선교사들은 복음이 잘 이해되고, 효율적으로 전파될 수 있는 방법에 집중하였다. 신형섭 박사에 따르면 한국에 전해진 예배의 주된 형태는 미국 부흥주의 운동의 프런티어 천막예배의 형식을 따랐다. 그 예배 형식은 다음의 세 가지 파트로 이루어졌다 : (1) 오랜 시간의 열정적인 찬양, (2) 하나님의 은혜와 인간의 타락의 이분법적 대조가 강조되며 선포되는 강력한 복음주의적 구원설교, (3) 복음과 회심으로의 초대.[1]

이러한 예배 형태의 전통은 단지 한국교회만의 독특한 경험은 아니라 세계에 있는 많은 교회들이 공유하고 있다. 이러한 형태는 복음이 다양한 방법으로 전달되는 데 분명히 큰 역할을 하였지만, 한편으로 이러한 예배 형태는 성서적 용어, 찬양가사, 설교 등과 같은 교리중심적인 예배를 더욱 확고하게 하였다. 말하자면, 예배 공간과 예배 장식, 그리스도의 삶의

---

1) 신형섭, "클라우디오 카벨해스의 관점에서 본 한국장로교 성찬적 환대에 관한 연구"(폴 갈브레스 박사에게 제출한 연구자료, 2008년 5월), p. 8.

여정에 따른 교회력, 성례에서와 같은 예배에서의 예전적 행동들은 관심을 받지 못하거나 거의 언급이 없다. 게다가 예배의 모든 요소 안에 있는 상징적인 면들은 형식적으로 여겨지거나 대부분 간과되고 있다. 주된 강조점은 교리적 명료성과 복음에 대한 감정적인 반응에 머무른다. 결과적으로, 한국교회 예배 현장 속에서 성례적 행동과 예전적인 행동은 설교에 대한 보조적인 역할로 여겨져 왔고, 성만찬이 그중 가장 대표적인 예가 된다.

그러나 그것은 과거의 걸음이었고, 이제는 다르다. 전 세계에 있는 기독 회중이 그러했듯이, 한국교회의 상황도 이제는 많은 것들이 바뀌었다. 초대교회 예배를 기술하는 고대문헌들의 발견으로 인하여 20세기 말과 21세기 초 전 세계적으로 예배 안에 여러 가지 변화들이 생겨났다. 이러한 새로운 예배에 대한 통찰들은 그동안 가톨릭교회와 개신교 주요교단에 의존적으로 내려온 예배 행위들에 대하여 다시 돌아보게 하였다. 이로 인하여 현대적 예배운동(Contemporary Worship Movement)과 같은 예배에 대한 실험적인 시도를 가능하게 하였다. 그리고 이제는 선교 초기 프런티어 예배 형태를 그대로 따라서 예배드리지는 않는다. 오늘날 대부분의 기독교 예배자들은 다양한 형태를 통하여 하나님을 만나고 있다. 예배 공간적인 면에서만 보아도, 예배자들은 그 공간의 형태와 크기, 상징물과 그 배열 안에서 하나님의 임재를 인식한다. 특별히 예배자들은 예수님의 탄생과 사역, 죽음과 부활을 나타내는 교회력 색깔과 패턴, 디자인들을 바라보는 것을 즐거워한다. 예배 음악 역시 다양한 스타일과 자료들을 활용한다. 시간이 갈수록 문화와 시대를 뛰어넘는 음악들이 예배 안에서 함께 공유되고 예배 음악으로 사용된다.

예배 인도자와 회중이 함께 참여하는 예전적인 움직임과 활동들도 예배 안에서 환영받고 있다. 행진과 제스처와 다양한 기도자세 등과 같은 육체적인 참여는 예배자들로 하여금 영과 몸이 함께 하나님의 임재 안에 참여하도록 돕는다. 세례와 성찬은 오늘날 예배 안에서 합당하게 축하된다. 세례식을 집례할 때 넉넉한 물이 사용되거나 침례조가 사용되는 것은 정결케 하시고 회복케 하시는 하나님의 능력을 잘 드러내 준다. 성만찬의 집례는 진정한 축하잔치가 되어 단순히 예수님의 마지막 만찬을 기억하고 재현하는 것에서 멈추지 않고, 하나님 나라 안에서의 먹고 마심의 하늘잔치 자리가 된다. 그야말로 "사람들이 동서남북으로부터 와서 하나님의 나라 잔치에 참여"(눅 13:29)하는 위대한 잔치를 기대하고 바라보는 것이다.

본 책은 이러한 예전적인 실체를 함께 탐구하는 회중을 지원하기 위해서 썼다. 이러한 예배의 변화는 우리로 하여금 지금 우리가 예배드림에 있어서 단 하나의 정답만이 있는 것은 아님을 보여 준다. 다만 우리가 아는 바른 예배는 예수 그리스도의 복음 위에 서서 모든 예배자들이 그들의 몸과 마음과 영으로 하나님의 임재 안에 참여하는 것이다. 그러므로 바른 예배는 어떤 스타일에 관한 것이 아니라 하나님의 은혜에 대하여 증인 됨에 대한 것이요, 성령님의 능력에 의하여 인도됨에 대한 것이다. 이러한 목적을 가지고, 나는 예배에 관하여 거룩한 가능성을 탐구하는 모든 하나님의 백성들을 독자로 초대한다. 그러기에 나는 이 책이 예배를 드리는 이유와 방법들에 대한 통찰력 있는 질문과 깊은 대화들을 이끌어 내는 일에 사용되기를 소망한다.

　본 책이 한국어판으로 나오기까지 많은 수고를 하여 준 신형섭 박사님께 깊은 감사를 드린다. 그의 열정적이고 신실한 수고가 없었다면, 아마도 이 프로젝트는 완성되지 않았을 것이다.

2015년 3월

제인 로저스 밴(Jane Rogers Vann)

Forward to the Korean Translation

There can be no doubt that the work of early Presbyterian missionaries to Korea has born much fruit. The Presbyterian church in Korea is among the largest and most robust around the globe. The devotion and faithfulness of Korean Christians to the gospel of Jesus Christ is an inspiration to the whole church. Early missionaries to Korea, as in other parts of the world, were focused on sharing the good news in ways that would be clearly understood. According to Hyoung Seop Shin, "[T]he dominant form of worship introduced in Korea was patterned after the western frontier tent revival meeting [in the United States]. The worship pattern was made of three parts: (1) passionate praising for a long time, (2) a strong evangelical sermon emphasizing salvation through the dichotomy between God's grace and human beings' depravity, and (3) an invitation to accept the gospel and conversion."[1]

Koreans are not alone in this inherited worship pattern. Churches around the world share these practices. This pattern

---

1) Hyoung Seop Shin, "Building Eucharistic Hospitality in Korean Presbyterian Church in the view of ClaudioCarvalhaes' Perspective," a paper submitted to Paul Galbreath, May 2008, p. 8.

of worship proclaimed the gospel message in multiple ways, to be sure, but was firmly rooted in doctrinal clarity centered in the words used in worship—biblical language, hymn texts, and preaching. The worship space and its adornments, the keeping of days and seasons in reference to the life of Christ, and actions of worship especially in the sacraments were given little or no attention. In addition, the symbolic aspects of all the elements of worship was perhaps assumed but was largely overlooked. The emphasis was on doctrinal clarity and an emotional response to the gospel. As a result, Christian worship in a Korean context has seen its sacramental and liturgical practices as occasional supplements to the sermon. In addition, communion has been almost exclusively associated with Jesus' atoning death.

That was then. This is now. Much has changed for the church in Korea as it has for Christians everywhere. Thus it is not surprising that much has changed in the liturgical practices of Christians worldwide. The late twentieth and early twenty-first centuries have seen deep and lasting changes in Christian worship across the globe. These changes began with the discovery of important ancient documents that describe the worship of the early church.

These new insights from the early church inspired a reexamination of inherited worship patterns which culminated in the liturgical convergence of Roman Catholic and mainline denominations. This opened the door for broad experimentation in worship, especially the contemporary worship movement, which both challenged and deepened the church's worship life. As a result, none of us worship in ways that reflect only the patterns of the frontier and missionary movements. Now, in most Christian worshipers encounter God in multiple ways. Worshipers notice God's presence in the shape, size, arrangement and adornment of the worship space itself. Especially in the enhancements and decorations of a worship space, worshipers are likely to see colors, patterns, and symbolic designs that indicate the season of the church year which marks the birth, life, death, and resurrection of Jesus Christ. Music for worship spans multiple styles and global sources. More and more Christians worldwide are sharing music with one another, singing music from many cultures and many time periods. Liturgical action carried out by leaders and worshipers alike is welcomed in worship. Processions, gestures, prayer postures, and all kinds of bodily participation bring worshipers—body and spirit—into the presence of God. Robust celebrations of baptism and the Eucharist mark Christian worship today. In baptism, large pools or fonts with lots and lots of water make clear God's cleansing and renewing power. The celebration of the Eucharist is truly a celebration! Rather than looking backward to a reenactment of Jesus' last meal with his disciples, the Eucharist celebrates our eating and drinking in the kingdom of God. It looks forward to the great feast where "people will come from east and west, from north and south, and will eat in the kingdom of God" (Luke 13:29). The gestures of the Eucharist, especially coming forward to be given bread and wine, enact our inclusion, body and spirit, in this kingdom meal.

Worship Matters : A Study for Congregations is intended to support Christians as we explore together this new liturgical reality. The changes in worship show clearly that there is not a single, right answer to how Christians should worship now. What we know is that faithful worship practices are always to be grounded in the gospel of Jesus Christ and are to welcome worshipers, body, mind, and spirit, into the presence of God. Faithful worship is not about "style" but rather is our witness to the grace of God, infused by the power of the Holy Spirit. With this central guiding purpose in mind, I invite Christians everywhere to explore the possibilities for worship. It is my hope that this volume will inspire questions and involve Christians in deep discussions about how they worship and why.

Many thanks to Dr. Hyoung Seop Shin for making this Korean translation possible. Without his energetic support, this project would not have been completed.

March, 2015

Jane Rogers Vann

역자의 글

최근 십여 년간 예배에 관한 목회적인 이해와 새롭게 주목받고 있는 예배 스타일에 관련된 책들이 많이 출간되어 왔다. 그러나 미국 개신교단 안에서 예배의 현장을 기독교교육적으로 분석하고, 진단하고, 교육목회적인 제안을 해 온 책은 찾아보기 힘들었다. 이러한 상황 속에서, 이 책은 평생을 예배와 기독교교육의 간학문적 연구를 해 온 신학교의 교수가 기독교교육적인 관점에서 예배·예식문서를 근거로 하여, 실제 미국의 주요 교단에 속해 있는 여러 지역교회들의 예배 현장을 기독교교육적으로 접근하여 내어놓은 '교육목회적 예배 현장 연구보고서'라고 할 수 있다.

이 책의 저자인 제인 밴(Jane Vann) 교수는 미국 장로교산하 신학회 중 유니온 장로교신학교(전, Union-PSCE)의 기독교교육 및 실천신학부 종신교수, 미국 장로교 중대서양대회 교회교육위원장으로 섬겼으며, 은퇴를 2년 앞두고 평생의 학문적 관심이자 현장적 숙제였던 미국 개신교 예배에 대한 교육목회적 관점에서의 보고서를 이 책을 통하여 소개한다.

이 책을 통하여 제인 밴 교수는 교육목회를 지향하는 교회의 기독교교육에 있어 예배의 현장이 그것의 가장 핵심적 자리임을 강조하면서, 각 지역교회 안에서 예배에 관한 기독교교육적인 관점이 바르게 이해되고 분석되며 실천되어야 함을 강조한다. 서문에서 그녀는 회중이 예배 경험을 통하여 하나님의 백성으로서의 정체성을 형성하고, 신앙이 형성되며, 성장을 경험하게 됨을 상기시킨다. 그러기에 그녀는 각 교회 안에서 시간과 노력을 들여 예배에 관한 대화를 하고, 교육목회적 관점에서 이를 바르게 회복해야 한다고 주장한다.

이를 위하여 제인 밴 교수는 "상징적 예배 언어"(Symbolic Languages of Worship)라는 예배분석 틀을 제시한다. 이 언어들은 회중으로 하여금 하나님의 임재를 분별하게 도와주는 통로로써 예배의 장소, 상징물, 움직임, 시간, 언어, 찬양으로 구성된다. 회중은 자신이 참여했던 예배를 함께 회상하면서 이러한 언어에 관한 질문을 인식하고, 이해하고, 묻는 과정 가운데 상징적 예배 언어들을 통하여 하나님의 음성을 분별하는 데 도움을 받게 된다. 그녀는 회중이 참여(participation)와 반추(reflection)를 통하여 예배 경험으로부터 기독교적 삶을 배우게 됨을 강조하며, 주의 깊게 만들어진 질문들을 묻고 또한 적절한 반응을 끌어내기 위한 충분한 시간을 갖는 것은 반추의 과정을 시작하고 지속하게 하는 교육목회적 중심 전략이 됨을 강조한다. 이러한 전략을 위하여 그녀는 묘사(describe)하고, 분석(analyze)하고, 상상(imagine)하고, 계획(plan)하는 네 단계 과정을 제시한다.

1장은 회중이 예배에 관하여 대화를 하지 않는 이유들에 관하여 다루었고, 이러한 거리끼는 현상을 극복하는 데 필요한 전략을 제공한다. 2장은 예배의 언어들과 그것들이 소통하는 상징적인 방법을 분석한다. 3장부터 8장까지는 예전적 언어들을 각각 다루는데, 교단 자료들과 회중의 예배적인 삶에 근거하여 연구한다. 3장은 하나님 나라의 공간으로서의 예배 장소를, 4장은 보이지 않는 하나님의 은혜를 보이게 하는 상징물을, 5장은 예배의 상징적 표현으로서의 움직임을, 6장은 은혜의 절기로서의 교회력을, 7장은 하나님을 선포하고 고백하는 예전적 언어를, 마지막 8장은 예배 음악을 다룬다. 특히, 이 책은 그간 예배학에서 논의된 상징적 예배 언어들에 관한 주제가 어떻게 실질적으로 다양한 지역교회들 안에 있는 회중예배를 더욱 온전하게 세울 수 있는지에 관하여 특유의 친절함으로 이 책을 읽는 독자들을 편안하고 진지한 대화로 인도한다.

이 책의 구석구석에는 예배 현장에 대한 기독교교육적 질문과 반추와 묵상이 아름다운 보석처럼 빛나고 있다. 나는 8년간 제인 밴 교수의 제자로서 유니온 신학교에서의 수업시간을 통하여, 학문적인 동반자로서 연구와 토론의 시간을 통하여 이 모든 내용들이 오랫동안 대화하고 고민해 온 열매임을 분명하게 말할 수 있다. 그녀의 수업에는 언제나 학생들을 위한 의미 있고, 평안하고, 안전한 토의의 자리가 준비되어 있었으며, 나를 포함한 많은 학생들은 바로 그 자리에서 하나님 나라를 함께 꿈꾸며 자신이 섬기는 예배의 현장과 기독교교육적인 과제와 실천을 논의하였다.

특별히 제인 밴 교수가 이 책을 통하여 지속적으로 강조하는 회중의 참여와 반추의 과정은 그녀가 갖고 있는 기독교교육의 주된 전략이다. 이는 단지 이론적인 접근법이라기보다는 그녀가 수십 년간 유니온 신학교에서 직접 학생들을 가르치며 실천해 온 자신의 교육전략이다.

제인 밴 교수는 나의 미국 유학시절의 시작부터 마지막까지 가장 훌륭한 스승 중의 한 분이며, 친구였고, 학문적으로는 멘토이자, 신앙적인 모델이 되기도 하셨다. 유니온 신학교의 교수이면서, 주일이면 주일학교 교사로서의 사역을 사명으로 알고 섬기시며 학문과 현장의 대화를 지속적으로 해 오셨던 모습이 지금도 눈에 선하다.

 현재 이 책은 미국 안에 있는 여러 신학교에서 예배학과 기독교교육의 주교재 및 부교재로 사용되고 있다. 나는 이 책이 예배의 현장에 대한 기독교교육적 분석과 교육목회적인 실제적 지침에 관한 자료 및 연구가 부족한 한국교회 안에서 널리 소개되고 읽힘으로써 이 땅의 많은 지역교회들이 예배를 더욱 온전하게 세우고, 갱신하고, 발전시켜 나가는 데 큰 공헌을 하리라 기대한다.

 이 책을 번역하는 동안 본 번역서의 출간을 마음으로 응원하며 이메일로 격려해 주신 제인 밴 교수님과 폴 갈브레스 교수님, 그리고 여전히 신학교와 목회의 현장에서 멘토가 되어 주시는 배현찬 목사님, 이전호 목사님께 감사를 드린다. 또한 평생 삶의 걸음으로 예배자의 삶을 가르쳐 주신 이승만 박사님께 깊은 감사를 드린다. 이 책이 출간되기까지 최선을 다하여 도움을 주신 한국장로교출판사 채형욱 사장님, 정현선 편집국장님, 편집과 교정을 맡아 준 이슬기 과장님과 김보경 대리님께 감사드린다. 이 책을 통하여 예배에 관한 깊이 있고 협력적인 대화들이 각 교회에 풍성해져서, 하나님께서 하나님의 백성들을 친히 만나시고, 가르치시고, 변화시키시는 창조적이고 신앙 형성적인 현장으로서의 예배의 자리가 아름답게 세워지기를 소망하며 기도한다.

2015년 3월
주님의 기쁨과 소망 안에서
신형섭

들어가면서

요한계시록에서 사도 요한은 바다와 땅의 모든 창조물들이 한목소리로 하나님을 찬양하는 장면에 관해 묘사한다.

"내가 또 들으니 하늘 위에와 땅 위에와 땅 아래와 바다 위에와 또 그 가운데 모든 피조물이 이르되 보좌에 앉으신 이와 어린 양에게 찬송과 존귀와 영광과 권능을 세세토록 돌릴지어다 하니"(계 5:13).

이는 바로 예배를 위하여 우리가 모였을 때에 하는 행위이다. 우리가 예배 안에서 자주 듣던 기도문도 이렇게 고백한다.

"우리는 선지자들과 사도들과 순교자들과 함께, 그리고 모든 시간과 장소에서 주님의 이름의 영광을 영원히 찬양하는 모든 성도들과 함께 주님을 찬양합니다."

이렇듯 예배가 기독교 신앙의 가장 중심적인 행위(the central act of the Christian faith)임에도 불구하고, 대부분의 회중은 예배에 관하여 말하는 데 매우 적은 시간을 보내고 있다. 그리고 예배에 관한 우리의 침묵은 심각한 결과를 초래해 왔다. 사람들은 예배 안에서 무엇을 하고 있는지, 또한 왜 예배를 드리는지에 대하여 확신을 갖지 못하게 되었다. 또한 자신들의 영적인 삶의 문제를 예배 공동체와 연결하여 이해하고 나누기보다, 개인적이고 사적인 것으로 이해하곤 한다.

그러나 예배는 여러 가지 예배 요소들을 통하여 하나님의 임재로 회중을 초대한다. 그 요소들에는 사람, 공간, 기구, 예술, 상징적 물건, 음악,

언어, 행동 등이 있다. 이는 종종 '예배의 언어'('language of worship')라고 불린다. 이 언어들은 문자적이라기보다는 상징적이다. 예를 들면, 우리는 예배 공간을 인식할 때 그 예배 공간 입구에 적혀 있는 본당이라는 글씨에 의해 그것을 인식하기보다는 예배 공간의 내부 모양, 크기, 형태를 통하여 인식한다. 즉, 예배 공간은 그 자체로 하나님을 예배하기 위한 상징이 된다. 우리가 예배 안에서 사용하는 단어들 역시 좋은 예가 된다. 성경 본문의 언어는 문자적이라기보다는 상징과 이미지의 언어들이다. 상징과 이미지를 통하여 본문의 단어 그 자체보다 더욱 깊은 이미지와 메시지를 나타낸다.

앞에서 언급했던 요한계시록의 본문 말씀을 다시 한번 보라. 본문은 하나님을 보좌에 앉으신 분으로 묘사한다. 물론, 누구도 하나님께서 실제로 보좌에 앉으셨는지 아닌지는 알 수 없다. 하지만 이 장면의 이미지는 인간들이 이해할 수 있는 상징적인 언어로 하나님의 위대함을 말해 주고 있다. 예배 안에서 모든 예배 언어들은 이러한 방법으로 사용된다. 또 다른 한편, 예배 언어들은 우리가 완전히 이해할 수 없는 하나님에 대한 지식과 우리 자신에 대하여 시각, 청각, 미각, 촉각, 후각, 그리고 행동을 통하여 알게 도와준다. 그러므로 만일 회중이 이러한 상징적 예배 언어에 대하여 알지 못하고, 또한 그 언어들이 서로 연계된 구조를 알지 못할 때, 그들은 예배의 장소에서 하나님의 임재를 분별하는 데 어려움을 겪게 된다.

만일 회중이 모든 예배의 언어들을 인식하고 이해하도록 도움을 받는다면 어떤 일이 일어나게 될지 상상해 보라. 만일 그들이 예배 안에서 눈과 귀와 몸과 생각과 마음을 넓게 열고, 하나님의 임재를 기다리고 기대하며, 마침내 그것에 대하여 말할 수 있는 능력을 기른다면 어떤 변화가 일어날까? 만일 예배자들이 예배 언어에 대한 충분한 이해를 갖고 잘 배열된 예배의 순서와 행위 안으로 깊이 들어간다면, 그들은 천상에서의 멈추지 않는 찬양을 예배 안에서 계속 부르게 될 것이다. 또한 그들이 이 생생하고 거룩한 예배를 드린 후에 자신의 삶과 예배의 경험이 어떻게 연결되고 있는지 대화하고 나눈다면, 찬양의 노래가 매일의 삶에서도 계속 불리게 될 것이다.

예배에 관한 대화 시작하기

이 책의 목적은 회중과 교회의 리더들이 예배 안에서 하나님의 임재를 잘 분별하고자 할 때 필요한 대화의 자원(resource)을 제공하는 것이다. 많은 교육학자들의 견해처럼, 나는 기독교적 삶을 "행동(action)과 반추(reflection)의 일련의 과정"이라고 말하고 싶다.[1]

경험과 반추의 과정은 인간 DNA의 일부와 같다. 즉, 우리 인간들은 경험적인 존재들이어서 세상을 전체(whole)로 경험하고, 그 후에 우리의 경험이 무엇에 관한 것이었는지를 회상하며 반추해 가기 시작한다. 그러기에 우리는 이야기를 하는 자들이며, 의미를 만들어 가는 존재들이다. 우리는 특별한 활동들과 일상적인 행동 모두에 참여하고, 후에 그러한 행동들을 회상하고 반추하며 패턴들을 찾아 나간다. 우리는 과거에 이미 경험한 것들에 새로운 경험들을 연결한다. 때로는 다른 사람들의 경험에 우리의 경험을 연결하기도 한다. 그 사람들은 우리가 잘 아는 사람들이기도 하고, 역사 안에서, 문학 안에서, 성경 안에서, 신학 안에서 만난 사람들이기도 하다. 거꾸로 우리는 우리의 이야기들을 다른 사람에게 말하기도 하고, 또한 우리 자신에게 말하기도 한다. 우리는 이러한 과정 가운데 우리 자신의 삶의 의미를 만들어 낸다. 그리고 새롭게 만들어진 이해를 가지고, 앞으로 우리가 경험하게 될 미래의 삶을 예상한다.

이렇게 경험과 반추의 과정이 인간에게는 자연스러운 일임에도 불구하고, 우리는 왜 예배에 대하여 생각할 때 그렇게 하지 않는 것일까? 여기에는 여러 가지 복잡한 이유들이 있다. 교회의 핵심적이고 중심적인 행위인 예배에 관한 지속적인 대화들이 우리의 삶에 큰 영향을 끼치는 것을 고려할 때, 예배에 관한 대화들은 우리의 시간과 노력을 들이기에 충분히 가치가 있다.

예배에 관한 대화를 하기 위한 3단계

예배에 관한 대화들은 적어도 세 가지 단계를 요구한다. 첫째, 예배에 관한 적합한 대화의 기회를 찾으라. 이 기회들은 찾으려고만 한다면 충분히 쉽게 찾을 수 있다. 예를 들면 찬양대, 안내위원, 예배위원, 예배보조위원, 성찬위원들과 같은 예배지도자들의 모임을 생각해 보라. 예배위원들, 제단봉사자들, 예배기획 팀원들, 주일학교 교사들은 물론이거니와 동아리 모임, 점심식사 프로그램 모임, 학부모 모임, 주말 저녁식사 모임 등의 이벤트 안에서 예배에 관한 대화의 기회를 찾으라. 각 지도자들은 예배에 관한 대화로 이 모임을 시작할 수 있으며, 이것을 통하여 전체 회중의 영적인 상태를 헤아리는 기회를 가질 수 있다. 이때 편안하게 대화할 수 있는 분위기를 제공해야 하며, 지나친 논쟁으로 가지 않도록 인도해야 한다. 이러한 환경은 경청과 적절한 질문, 그리고 정직한 의사소통에 의하여 형성될 수 있다.

두 번째, 회중에게 예배를 전체적으로 분석할 수 있는 카테고리를 제공하라. 가끔씩 회중은 그들이 해 오던 방식에 너무나 익숙해져서 객관적으로 세밀하게 예배를 바라보는 데 어려움을 겪기도 한다. 이럴 때에 사회과학자들은 "생소한 것을 친숙하게, 그리고 친숙한 것을 생소하게"(making the strange familiar and making the familiar strange) 만드는 방법을 사용해 보라고 권면한다. 우리는 공동체가 새롭게 행하는 실천적 행동이나 그로 인해 뒤따르는 생소함을 마주할 때, 그것들과 좀 더 친숙해지기 위하여 그들의 관점에서 이해하도록 요청받는다. 이러한 과정에서 우리는 생소한 것을 친숙하게 만든다.

이와 같이 우리가 생소한 것을 친숙하게 만들었을 때, 우리는 항상 해 오던 방식을 새로운 시각으로 보는 기회를 갖게 된다. 사회과학자들의 의례(ritual)에 관한 연구는 우리의 예배에 관한 새로운 시도에 유용한 카테고리들을 제공하여 준다. 이러한 카테고리들은 예배의 공간, 시간, 행동, 언어, 음악 등을 포함한다.[2]

이러한 카테고리들은 우리로 하여금 예배를 '참여하는 사건'으로 이해하도록 도와준다. 이것들은 예배를 문자의 나열로 이해하는 것을 거부하며, 어떠한 역동성 속에서 예배가 진행되고, 어떻게 회중이 참여하게 되는지를 알도록 도와준다.

의례학자 톰 드라이버는 기독교 의례를 세우기 위한 원리를 언급하면서 "의례가 사랑하는 것은 문서가 아니다."라고 선언한다.[3] 그에게 예배는 적혀진 문서가 아니라 행하는 사건이다. 즉, 우리의 몸과 목소리가 하나님을 부르고, 하늘과 땅의 창조주에게 우리 자신의 몸과 영혼을 드리는 것이다. 우리의 시선이 주일에 주보의 글자들을 분석하는 것을 넘어서서, 예배를 하나의 사건으로 만드는 많은 예배 요소들을 볼 수 있는 안목을 가져야 한다. 또한 그러한 예배 요소들이 예배 안에서 서로 상호작용하는 방법들을 볼 수 있는 관점을 가져야 한다.

"예배는 하나의 전체적인 언어로 우리에게 말한다. 그 언어는 그 다양함이 풍성하게, 그리고 조화롭게 이루어진 하나의 언어이다. 우리는 그 언어를 통하여 하나님의 백성으로서의 우리 자신들의 경험들을 회상한다. 예배 안에서 우리의 새로운 경험은 기존의 언어들과 조화를 이루어 간다."[4]

이렇듯 예배 밖에서 예배 언어들에 관한 질문들을 인식하고, 이해하고, 묻는 과정 가운데 회중은 예배 안에서의 하나님의 음성을 분별하도록 도움을 받는다.

세 번째, 회중이 예배에 관한 대화 안에서 적절한 시점에 적절한 질문을 할 수 있는 기술을 갖게 도우라. 회중은 참여와 반추를 통하여 교회 생활로부터 기독교적 삶을 배우게 된다. 경험한 것에 대한 반추의 과정을 시작하고 지속하게 하는 중심전략은 바로 적절한 질문들을 묻고 생각할 시간을 넉넉히 갖는 것이다. 모든 질문과 반추가 다 같을 수는 없지만 이러한 과정에는 일정한 패턴이 있다. 그것은 과거의 사건들을 기술하고, 말씀과 전통의 관점에서 분석하고, 앞으로 일어날 미래의 사건들을 상상해 보고 계획해 보는 것이다.

반추는 과거의 경험들에 대하여 회상하는 것과 그 회상으로부터 의미를 탐구하는 것으로 구성된다. 질문들은 무엇을 듣고, 보고, 만지고, 느꼈는지를 묘사하는 것을 포함한다. 분석의 과정은 회상으로부터 의미를 발견하는 과정을 갖는다. 여기에서 다음과 같은 질문들이 요구된다. "성경 본문의 이야기와 우리 삶의 경험을 비교해 볼 때 어떤 공통점과 차이점이 있는가?" 우리는 본문에 비추어 미래의 사건들을 그려 볼 때, 다음과 같은 질문들을 가질 수 있다. "우리는 다가오는 절기에 어떤 소망을 갖는가?", "그러한 소망이 어떻게 우리의 예배 안에서 구체화되며, 또한 재현될 수 있는가?"

본 책, 각 장의 마지막에는 '토의를 위한 질문들'이 일정 패턴으로 구성되어 있다. 각 질문에는 해당 내용에 관한 신학적이고 예전적인 기준에 대한 설명이 함께 제공된다. 예배에 관한 대화 안에서 회중은 먼저 그들이 경험한 예배의 경험을 기억하고, 묘사하며, 그 경험들이 회중에게 어떠한 영향을 주었는지를 나누게 된다. 이러한 나눔을 통하여 그들은 다음에 드리게 될 예배에 관하여 상상하게 된다. 이러한 대화의 패턴은 개방적이고, 정직하고, 건설적인 대화를 위한 구조적이면서도 유연한 기반을 필요로 한다. 각 장의 뒷부분에 제공된 질문들을 대화 안에서 모두 다룰 수는 없다. 회중은 이러한 질문 중에서 자신의 상황에 맞는 두세 가지 질문을 선택하여 다루고 나머지는 다른 시간에 활용할 것을 권한다. 단, 묘사, 분석, 상상, 계획의 패턴을 유지하는 것이 유용할 것이다.

이 책을 쓰게 된 영감의 원천은 두 가지다. 하나는 내가 몸담고 있었던 교회와 회중이다. 그리스도인은 회중 안에서 양육 및 성장하며, 예수님을 닮아 가게 된다. 신앙적인 사람들은 회중 안에서 하나님과의 만남을 갈급해 한다. 그리고 그러한 만남을 통하여 변화를 경험하게 된다. 나 역시 내가 속해 있던 교회와 회중을 통하여 예전적·영적으로 성장해 왔다. 지금 나는 이러한 회중을 위하여 이 책을 쓰고 있다.

또 다른 영감의 원천은 길버트 오스딕의 책 「예전을 위한 카테케시스」[5]이다. 이 책은 가톨릭 회중을 대상으로 쓰인 예배 갱신에 관한 책이다. 나는 이 책을 지난 십 년 넘게 사용해 왔다. 오스딕의 책이 지난 십여 년간 가톨릭 회중에게 적절한 예전적 분석과 갱신을 위한 기준들을 제공한 것처럼, 내가 쓰는 이 책이 개신교 회중에게 합당한 예전적 분석과 갱신을 위한 책이 되기를 바란다. 이 책을 통하여 다른 주요 교단들 안에서도 예배에 관한 연구와 실험들이 가속화되고, 예배의 현장을 비판적으로 분석하는 걸음이 지속되기를 소망한다.

나는 많은 회중이 스스로 교회 안에서 예배에 관한 대화들을 하고자 하는 비전을 갖기를 바라며 미국 안에서의 주된 개신교단 교회들을 방문하여 그들이 예배에 관하여 갖는 생각과 대화의 현장들을 들어 보았다. 나는 다음의 세 가지 기준으로 교회와 회중을 선별하였다. 예배를 진지하게 여기며 예배를 삶의 중심에 두는 회중이다. 그들은 건강한 회중으로서 안정적으로 목회적, 음악적, 교육적 리더십을 갖고 있는 자들이다. 그리고 그들에게 예배에 관한 대화는 자신들이 갖는 회중 문화의 일상이 된다. 그러나 그들 역시 여전히 채워져야 할 것들이 있는 자임은 분명하다. 이들 역시 나에게 말하기를 자신들은 예배에 관하여 더 많이 대화하기를 원하고, 더욱이 예배에 관하여 어떻게 접근해야 하는지 모른다고 고백하였다. 그들은 예배에 관한 대화를 방해하는 여러 요소를 고백하였고, 지금도 그들은 이러한 방해물들을 극복하고자 전략을 세우고 실천하고 있다.

나는 이들을 통하여 그리스도의 환대를 경험하였다. 그들은 모두 예배 안에서 하나님의 임재를 분별하고 반응하고자 노력하는 신실한 그리스도인의 그룹이었다. 나의 마음을 다하여 본 책의 여정에 참여하였던 모든 교회의 회중, 평신도 리더들, 예배 음악가들, 그리고 목회자들에게 감사를 표한다. 그 교회들은 리틀 리버 그리스도 연합교회(애넌데일, 버지니아), 그리스도 장로교회(벨레어, 텍사스), 성 스데반 성공회 교회(리치몬드,

버지니아), 은혜 성공회 교회(뉴튼 코너, 매사추세츠), 그리스도 루터 교회(리치몬드, 버지니아), 터스틴 장로교회(터스틴, 캘리포니아), 스페니쉬 스프링스 장로교회(스팍스, 네바다), 성 누가 루터 교회(파크 리지, 일리노이), 베들레헴 루터 교회(세인트클라우드, 미네소타), 그리스도 제일 회중 연합 교회(애시빌, 노스캐롤라이나)이다.

이 책은 한 가지 소망을 갖고 쓰였다. 그 소망은 바로 회중으로 하여금 예배에 관한 새롭고 유익한 대화들을 갖도록 돕는 것이다. 이것으로 말미암아 그 자신의 예배는 물론이고, 더 나아가 다른 사람들까지도 하나님의 임재가 있는 예배의 자리로 초대하도록 거룩한 불을 붙이는 것이다. 1장은 회중이 예배에 관하여 대화를 하지 않는 이유와 이를 극복하기 위한 전략을 다룬다. 2장은 예배의 상징적 언어들과 그것들이 회중과 소통하는 방법들을 분석한다. 3장부터 8장까지는 각 장마다 예배의 언어들을 각각 다룬다. 이 작업을 위하여 주된 자료로써 교단(미국장로교/PCUSA)의 예배 자료들과 회중의 예배 경험, 그리고 그들의 예배적인 삶의 이야기들을 활용하였다. 소망하기는 이 책을 통하여 독자들이 자신들의 예배에 대하여 비판적으로 반추하며, 자신들이 참여하는 예배 행위들에 대하여 적극적이고 의식적으로 참여하게 됨으로, 마침내 하나님의 백성으로 형성되기를 간절히 바란다.[6]

이러한 회중연구는 유니온 장로교신학교(전, UNION-PSCE)에서 연구학기 지원과 칼빈연구소(Calvin Institute of Christian Worship)로부터 연구기금을 받아 진행된 것이다. 이 연구여정을 격려하고 지혜롭게 상담하여 준 베티 그릿과 존 위트릿에게 특별한 감사를 표한다. 또한 탁월한 여행 동행자이자 편집자인 나의 남편 댄에게 큰 감사를 전한다.

미주.

1) Jane Rogers Vann, *Gathered before God : Worship-Centered Church Renewal* (Louisville, KY : Westminster John Knox Press, 2004).
2) 역자주 : 공간이라 함은 예배를 위한 공간과 그 공간이 장식되고 사용되는 방법들을 말한다. 시간이라 함은 예배를 위한 시간과 그 시간이 구체적으로 시간별, 날짜별, 절기별로 활용되는 방법들을 포함한다. 행동이라 함은 예배 안에서 누가, 언제, 무엇을 행하였느냐에 관한 것이다. 언어라 함은 예배 안에서 사용된 언어를 말하며, 음악이라 함은 예배 안에서 활용된 음악을 지칭한다.
3) Tom F. Driver, *Liberating Rites : Understanding the Transformative Power of Ritual* (Boulder, CO : Westview Press, 1998), 212. Originally published as *The Magic of Ritual : Our Need for Liberating Rites That Transform Our Lives and Our Communities* (San Francisco : HarperSanFrancisco, 1991).
4) Gilbert Ostdiek, *Catechesis for Liturgy : A Program for Parish Involvement* (Washington, DC : Pastoral Press, 1986), 89.
5) 위의 책.
6) Cornelius Plantinga Jr. and Sue A. Rozeboom, eds., *Discerning the Spirits : A Guide to Thinking about Christian Worship Today* (Grand Rapids : Wm. B. Eerdmans Pub. Co., 2003) ; Jonny Baker and Doug Gay, compilers, *Alternative Worship : Resources from and for the Emerging Church* (Grand Rapids : Baker Books, 2004) ; Ronald P. Byars, *The Future of Protestant Worship : Beyond the Worship Wars* (Louisville, KY : Westminster John Knox Press, 2002) ; Thomas G. Long, *Beyond the Worship Wars : Building Vital and Faithful Worship* (Bethesda, MD : Alban Institute, 2001).

worship
matters
chapter 01

왜 사람들은
예배에 대하여 말하지 않는가?

내가 일리노이 파크 리지에 있는 성 누가 루터 교회를 방문하였을 때, 이 교회를 섬기고 있는 스테판 라손 목사와 크리스티 웨버 목사와 함께 이 교회가 얼마나 아름다운 목회로 회중의 삶을 잘 인도해 왔는지에 대한 이야기를 듣게 되었다.

이 교회의 목회자들은 교회 안에 있는 교육가팀, 예배 음악팀, 평신도 리더팀들과 함께 아름다운 협력을 이루며 교회를 세워 왔음을 고백하였다. 이들은 매 주일 예배를 함께 준비하며, 모든 회중을 하나님의 현존 안으로 초대하기 위하여 동역한다고 말하였다. 그런데 목회에 관한 이러한 대화를 마무리할 때쯤 함께 이야기를 나누던 목사님들의 말은 나에게 적지 않은 충격으로 다가왔다. 그들은 서로를 바라보면서 이렇게 말했다.

"우리의 모든 팀들이 함께 하나가 되어 교회를 잘 섬겨 왔지만, 정작 예배에 관해 진지하게 대화를 나누어 본 적은 없었던 것 같은데요?"

그들은 놀라운 목회적 동역을 하고 있었지만 예배에 관한 실제적인 대화들은 별로 해 오지 않은 것이다. 워싱턴 D.C. 근방에 있는 리틀 리버 그리스도 연합교회 평신도 리더들과의 대화 속에서도 같은 뉘앙스의 말을 들었다. 평신도 리더 중의 한 명인 제인 허스트벨트는 이렇게 말했다. "예배에 관한 말이라고요? 무엇을 말해야 하죠? 예배는 그냥 예배죠!"

나에게는 목회와 예배사역을 함께 고민해 오고 연구해 온 오랜 동료들이 있다. 칩과 폴이 바로 그러한 친구이자 동료이다. 그들이 어느 한 지역 교회에서 방금 고난주간, 부활절, 성령강림절에 대한 예배 컨퍼런스를 잘 끝내고, 이제 "예배 돌아보기"라는 제목의 세미나를 인도하기 위해 이동 중이라고 상상해 보자.

이 세미나에서 칩과 폴은 예배 컨퍼런스에 참가했던 사람들이 자신들의 예배를 좀 더 깊이 돌아보고 분석하기 위한 의미 있는 대화를 하도록 인도할 것이다. 이 대화는 세미나 참석자들이 아침에 드렸던 예배를 회상하는 것으로 시작할 것이다. 그러나 지금까지의 나의 경험으로 예상할 수 있는 세미나 참석자들의 예배 피드백에 관한 초점은 이것이다. 하나님과의 만남의 자리로서의 본질적인 예배에 관한 상징적이고 은유적인 이미지에 대한 이야기보다는 예배의 비본질적인 부분에 많이 치우쳐 있을 것이라는 사실이다. 예를 들자면 이런 언급들이다. "나는 예배 중에 있던 광고 순서가 마음에 안 들고, 또 광고하는 방식도 마음에 안 들어요."

앞의 성 누가 루터 교회에서의 대화나 나의 세미나 경험에 대한 나눔은 예배에 관한 의미 있는 대화들이 실제로 회중의 교회생활 안에서 충분히 나누어지고 있지 않다는 것을 잘 반영해 준다. 설령, 그들이 예배에 관한 대화를 한다 해도 그것은 주로 비본질적인 주제에 대한 것이다. 미국 전역을 다니며 교회 리더들과 예배에 관한 대화를 나눌 때 거듭 확인할 수 있었던 것은, 그들은 예배에 관한 대화를 나누는 것을 불편해하며, 실제로 예배에 관하여 별로 대화를 나누고 있지 않다는 사실이다. 그나마 누가, 언제, 무엇을 하는가에 관한 대화, 즉 예배의 실용주의적 단면에 대하여 나누는 대화는 종종 있지만, 회중의 삶 속에서 예배의 역할이라든지, 예배 모임의 깊은 의미에 대하여 대화하는 것에 대해서는 매우 어려워한다는 것이다.

그러나 분명 교회의 삶은 예배가 그 중심이며 뿌리이다. 회중은 매주, 매 절기, 매년 정기적으로 모이고, 하늘과 땅의 창조자이신 하나님께 예배한다. 회중은 예배 안에서 모이고, 찬양하고, 감사하고, 고백하고, 참회하고, 중보한다. 그들은 예배 안에서 경배하고, 춤추고, 성경의 이야기를 듣고, 세례와 성찬에 참여한다. 그런데 무엇이 회중으로 하여금 예배에 관하여 대화하는 것을 불편하게 만들었을까?

사람들이 예배에 관하여 말하지 않는다고 고백할 때 나는 곧바로 다음의 질문을 던진다. "왜 말하지 않지요?" 나는 이와 관련하여 흥미 있는 응답을 회중과 교회 리더들로부터 들어 왔다. 다음의 내용은 그들이 왜 예배에 대하여 침묵하는지에 대한 이유를 잘 드러내 준다. 이렇게 회중의 예배에 대한 이해를 좀 더 현실적으로 인식할 때, 우리는 그들을 예배에 관한 의미 있는 대화로 이끌 수 있는 효과적인 전략을 세울 수 있게 될 것이다.

회중은 예배에 관하여 말하지 않는다. 왜냐하면…… 그들은 너무 바쁘다

교회에 열심이 있는 회중은 대부분 매우 바쁘다. 평소에 참여하던 교회 모임 외에 다른 모임을 하나라도 더 가져 보고자 해도 쉽게 시간이 나지 않는다. 하지만 이렇게 바쁨에도 불구하고 예배가 교회생활의 핵심이라는

:: 매사추세츠 뉴튼 코너에 소재한 은혜 성공회 교회의 찬양대(Photo by Carol Robinson)

것을 생각하면 결코 그냥 간과할 수 없다. 열정 없는 형식적인 대화를 나누는 것이 아니라 예배에 관해 진심이 담긴 대화를 시간을 쏟아 나누는 일에 보다 많은 회중이 참여하는 일은 매우 중요하다.

매사추세츠 뉴튼 코너에 소재한 은혜 성공회 교회의 리더들 역시 예배에 관한 대화를 따로 갖기 어려울 만큼 바빴다. 하지만 이 교회의 목회자들과 음악인들은 예배의 중요성과 대화의 필요성을 인식하였기에, 그들이 이미 가지던 모임 안에서 예배에 관한 대화를 시작했다. 예를 들면, 지휘자 린다 클락은 매주 찬양대 리허설마다 찬양대가 부르는 음악과 예배당 공간의 관련성에 관해 찬양대원들이 대화할 수 있도록 이끌었다.

부목사 에드피즈는 여름 시즌에 있는 정기모임 안에 예배 교육을 포함시켰다. 이러한 예배 교육을 통하여 회중은 자신들의 예배를 이해하는 시각이 넓어졌고, 예배의 각 요소를 신학적·예배학적으로 분석하게 되었으며, 예배의 더 깊은 의미를 찾아내기 시작했다. 이때 에드피즈는 예배에 관련된 학문적인 설명을 했지만, 그 설명은 최소화하였고, 가능하면 회중이 자신들의 예배 경험에서 찾을 수 있는 의미를 나누는 것에 더욱 초점을 맞추어 대화를 이끌었다. 그들에게 이제 주일예배에 관한 대화 및 예배자로서의 삶에 대한 나눔은 교회생활의 일부가 되었다. 이러한 변화는 어느 늦은 가을, 내가 그 교회를 방문하였을 때 본 그들의 예배에 관한 활발하고 진지한 대화 모임을 통하여 확인할 수 있었다.

······예배는 목회자의 영역이다

지난 십 년 동안, 대부분의 주요 교단들은 예배와 관련된 자료들을 만들어 냈다. 좋은 예배의 유산과 실천을 소개하고, 회중으로 하여금 이에 참여하게 하고, 보다 높은 이해를 갖도록 많은 노력을 해 왔다. 하지만 현실은 그다지 변한 것이 없다. 회중은 여전히 예배를 자신들의 영역이라고 생각하기보다는 전문적인 목회자의 영역으로 생각하기 때문이다. 많은 회중이 예배를 이해할 수 없는 어떤 것으로 쉽게 결론지으며, 그러기에 자신들은 예배에 관하여 언급하면 안 된다고 생각한다. 단지 그들은 자신이 예배 안에서 무엇을 해야 하는지 알려 주기를 원하며 그것만으로도 충분하다고 생각한다.

이러한 이해 속에는 회중이 예배에 관하여 의문을 갖고 질문하는 것은 적절치 못한 것이라는 오해가 전제로 깔려 있다. 즉, 예배는 목회자들에게 맡기고, 회중은 그 과정에서 아마추어로 남는 것이 훨씬 더 쉽고 효율적으로 보인다는 것이다. 그러나 불행하게도 예배를 목회자들만의 전유물로 이해하는 것은 대부분의 평신도 리더들과 회중이 예배를 배울 수 있는 기회와 예배를 신학적으로 돌아보는 기회를 빼앗아 버리게 된다. 이러한 예배에 관한 오해 속에서 회중은 예배 안에서 자신의 역할은 구경하는 것이며, 목회자가 하라고 하는 것만 따르는 것이라고 잘못 이해하게 된다.

많은 경우, 평신도들이 주일예배 안에서 중요한 부분을 담당하기도 한다. 그러나 이 경우에도 그들은 자신의 역할에 대하여 합당한 이해와 준비 및 실행과정을 거치지 않는 때가 대부분이다. 내가 지난 수십 년간 기독교교육 교수로서 겪은 가장 기쁜 일 중의 하나는 안내를 맡고, 성경을 봉독하고, 기도를 인도하는 예배위원들이 자신들의 역할을 잘하도록 준비하는 것을 돕는 일이었다.

예를 들어, 최근 유니온 신학교(리치몬드, 버지니아)에서 오랫동안 함께 교수로 섬겼던 로날드 바이어스(예배학 은퇴교수)와 나는 평신도 예배위원들을 함께 훈련시키고, 그들이 바르게 예배를 섬길 수 있도록 도울 기회가 있었다. 우리는 성경봉독자들이 예배 안에서 바르게 성경을 봉독하도록 도왔다. 먼저는 성령님의 임재와 도우심을 구하는 기도를 하고, 본격적으로 그들이 수행할 사역의 실제적인 면들을 다루었다. 우리는 성서신학적으로 성경을 봉독하는 사역과 영성 형성의 관계에 대한 대화를 이끌었고, 대화를 통하여 성경봉독과 봉독자 자신의 영성 형성에는 분명한 하나님의 의도와 은혜가 있음을 발견하게 되었다. 이러한 경험을 한 이들은 자신들이 오랫동안 평신도 리더였지만 대부분 자신들이 감당하는 예배 안에서의 사역에 관한 충분한 배움의 시간이 없었으며, 그 사역으로 인한 영성 형성의 특성들도 배울 수 있는 기회가 부족했음을 고백하였다. 하지만 그들은 이러한 기회를 열망하고 있었고, 이러한 기회를 가진 것에 매우 감사하였다.

어원적으로 볼 때 '예전'(liturgy)이라는 단어는 '사람들의 일'(the work of the people)이라는 의미를 갖고 있다. 그러기에 이 예전이 오늘날 교회에 있어서 진정한 실재(reality)가 되기 위해서는 목회자뿐 아니라 평신도 리더들, 예배 인도자들, 그리고 모든 회중이 새롭고 이전과는 다른 방법으로 예배에 관한 사명 및 책임감을 나누도록 해야 한다. 그 방법은 각각의 역할에 대한 준비, 전적인 참여, 그리고 반추 등을 포함한다.

……예배 인도자들은 질문을 원하지 않는다

나는 예배에 관한 질문들을 불편해하는 목회자나 교육 담당 교역자, 예배 인도자들이 있음을 알고 있다. 아마도 이 책의 독자들도 알고 있을 것이다. 이들은 가끔씩 예배에 관한 이슈들이 생기거나 프로그램에 관한 질문을 듣는 것을 불편해한다. 아마도 그러한 질문들이 그들의 권위에 대한 도전으로 여겨지기 때문일 것이다. 그러기에 이들은 회중에게 예배에 관한 질문은 환영받지 못한다는 신호를 보내기도 한다.

……예배는 너무 많은 논쟁의 여지를 갖고 있다

최근 예배 전쟁[1](worship wars)에 관한 글들이 주로 예배 스타일을 중심으로 쏟아져 나왔다. 그로 인하여 많은 사람들은 예배를 전적으로 스타일에 관한 것이라고 오해하기도 했다. 그 결과 최근 교회사 안에서 예배 스타일로 인한 회중 간의 분열현상이 일어났다. 이로 인해 교회 안의 회중은 상처를 받고 영적인 침체가 나타났다.

다른 스타일의 예배를 경험한 자들 간의 대화는 쉽지 않다. 예배에 관하여 질문할 때 주로 사용되는 질문이 "당신은 그러한 스타일의 예배를 좋아합니까?"이다. 이것은 예배를 개인적인 성향의 문제로 만들어 버린

:: 버지니아 리치몬드의 그리스도 루터 교회의 제대, 장식물, 그리고 배너
(Photo by Dave Swager)

다. 나는 이 질문이 확실히 잘못된 것이라고 생각한다. 교회 건축가 쉘빅의 말처럼, 사람들은 새로운 건축 형태나 새로운 예술적 형태를 만나면 스스로에게 이렇게 질문한다. "나는 그것이 좋은가? 그것이 나를 기쁘게 만드는가?" 우리는 이러한 동일한 질문을 아이스크림의 새로운 맛이나 상품의 새로운 브랜드가 나올 때에도 던지곤 한다. 그러나 예배에 관한 질문과 답은 이러한 기호에 관한 것들로 다룰 문제가 아니다.[2] 이 책을 쓴 목적 중의 하나가 바로 예배에 관하여 대화할 때 이전과 다른, 혹은 더 나은 질문과 답을 갖도록 돕는 일이다.

예를 들어, 버지니아 리치몬드의 그리스도 루터 교회의 제단을 만드는 기술자는 교회의 예배 환경을 생각할 때 교회력에 관한 질문으로부터 시작한다. "교회력에 나오는 절기의 근원과 의미들은 무엇인가?", "각 절기 동안에 읽히게 될 성경말씀 안에서 어떤 이미지와 은유가 발견되는가?", "이러한 이미지와 은유가 어떻게 예전적인 환경의 일부가 될 수 있는가?", "그러한 이미지와 은유가 우리의 예배를 어떻게 다르게 만들어 내는가?"

제단을 만드는 기술자는 이러한 질문들을 마음에 품고, 성서학자, 직물 예술가와 함께 오랜 시간 동안 열린 대화를 갖는다. 그러한 대화를 통하여 예술가는 회중이 성령강림절기에 사용하게 될 제대(祭帶, 역자주 : 성찬대나 설교단 위에 걸치는 천), 장식물, 그리고 배너를 디자인한다. 여기에서 그들이 나눈 질문들은 앞에서 언급한 사람들의 개인적 성향과 견해에 끌려가는 적절치 않은 대화가 아니다. 그 질문들은 우리가 예배학적 중심을 갖고 보다 본질적인 예배 경험의 의미에 집중된 대화를 할 수 있도록 이끌어 준다. 이러한 질문들이야말로 논쟁의 여지가 많을 수 있는 예배에 관련된 대화를 빛으로 인도하며, 대화의 중심이 개인적인 좋고 싫음의 성향으로 나가는 것을 피하도록 도와준다.

······"Fad-o-phobia":
맹목적으로 최근 예배 스타일을 유행처럼 따른 것에 대한 두려움

지난 이삼십 년 동안, 현대적인 예배와 구도자 예배 스타일이 부각되면서, 회중은 다양한 입장을 갖기 시작했다. 몇몇은 이러한 예배 스타일이 그들의 교회생활과 전통에 적합하다고 여겼고, 몇몇은 그렇지 않다고 여겼다. 또한 몇몇은 새로운 예배 스타일이 단순한 유행을 따라가는 것처럼 느껴져서 경계하는 태도를 드러내기도 했다. 중요한 것은 이러한 다양한 의견과 혼란 속에서 교회 리더들과 회중은 이러한 변화의 방향을 결정하는 적당한 기준과 근거들을 찾아내지 못했다는 것이다. 많은 교회에서는 예배의 변화에 관한 합당한 대화를 가져 보지 못했고, 동시에 너무나 짧은 시간 안에 많은 것들이 시도되었다. 그중 많은 교회들은 결국 전통적

:: 리치몬드의 성 스데반 성공회 교회 본당과 세례대(Photo by Sarah Bartenstein)

으로 해 오던 예배의 패턴으로 돌아가기도 했다.

여기 위와 같은 경우의 성공적인 사례를 보여 주는 교회가 있다. 그 교회는 버지니아 리치몬드에 소재하고 있는 성 스데반 성공회 교회이다. 이 교회의 예배는 다양한 경험들과 예배 혁신들에 대한 안전한 토대를 바탕으로 발전되어 왔다.

예를 들어, 그들의 저녁 찬양예배를 보면 영국 전통 민속음악과 악기를 활용하여 이른바 셀틱 저녁 찬양예배를 드린다. 여기에는 다양한 종류의 음악과 예전적인 행동, 스토리텔링, 기도들이 실천되며, 각 예배의 실천은 여기에 참여하는 회중의 삶과 긴밀하게 연결되어 있다. 이는 교회의 목회자들, 지휘자 및 음악가들, 그리고 예배 인도자들이 깊고 오래된 신학적 전통 안에 머물면서, 동시에 다양하고 폭넓은 자원들을 예배 실천에 사용하려는 노력을 함께하고 있기 때문이다. 그래서 그들의 예배는 항상 신선하고 생동감이 있으며, 유행에 치우치지도 않는다.

…… 우리는 마음이 좁다고 불리기를 원하지 않는다

때로 예배에 새로운 시도를 하는 것을 불편해하는 사람들은 예배에 관하여 좁은 시각을 갖고 있다고 오해받기도 한다. 그러기에 예배에 대한 대화들이 편하게 진행되지 못하고 멈추어질 때가 종종 있다. 반대로 새로운 스타일의 예배에 대하여 중도적이거나 개방적인 입장을 취하는 사람들은 예배에 관하여 보다 넓은 시각을 갖고 있는 것처럼 이해되곤 한다.

노스캐롤라이나 애시빌에 있는 그리스도 제일 회중 연합교회에서 나누는 회중 간의 예배에 관한 대화를 살펴보도록 하자. 이 교회 회중과 리더들은 예배 안에서 사용되는 단어 중에 여성을 차별하는 것처럼 느껴지는

:: 예배에 관한 대화를 나누고 있는 그리스도 제일회중 연합교회 회중
(Photo by Christopher Oakley)

단어들을 제하려는 이른바 포괄적 언어[3]에 민감하게 반응해 왔고, 이러한 이슈들은 점차 그들에게 중요한 대화 내용이 되었다. 목사님은 회중에게 이러한 대화에 함께 참여할 수 있도록 인도하였다. "여러분은 언제, 어디서 포괄적 언어가 중요하다는 것을 알게 되었나요?", "당신이 포괄적 언어에 대하여 이해하도록 영향을 끼친 사람은 누구죠?"

이와 같은 질문들은 그룹에 있던 사람들로 하여금 포괄적 언어라는 이슈에 대하여 서로 이해할 수 있는 안전한 공간을 마련해 주었고, 이후로 좀 더 논쟁의 여지가 있는 부분들을 대립이 아닌 협력적이며 건설적으로 다루도록 도와주었다.

이러한 대화들은 예배에 관한 선호도의 문제가 아니라 예배의 본질과 이해에 관한 예전적이고 신학적인 문제를 다루는 것이다. 즉, 대화의 목적은 모든 회중이 예배 안에 있는 포괄적 언어에 대하여 같은 시각을 갖게 하는 것이라기보다는, 회중이 갖고 있는 포괄적 언어에 대한 경험과 의미를 서로 나누는 것이었다. 이러한 대화는 서로 다른 관점들이 존중되는 계기가 되었다.

최근의 교회 광고가 말하듯이, 교회는 있는 모습 그대로 '오는 곳'이지, 있는 모습 그대로 '머물러 있는 곳'이 아니다. 교회는 크고 깊은 역사의 물줄기 안에 존재한다. 그리고 그 역사의 물줄기 안에서 예배의 목적과 실천이 분별된다. 예배의 실천은 지역에 따라서, 상황에 따라서 다양해질 수도 있다. 하지만 분명한 것은 예배는 개인적인 선호도에 관한 것이 아니기에, 회중의 선호도에 따라 예배에 대한 태도가 양극화되어서는 안 된다. 예배 안에는 각 공동체에서 독특하게 구체화된 중심 규범들이 있다. 이 책에서는 그러한 중심적인 규범들을 각 장의 마지막에 '이상적인 예배의 기준'(이하 '기준'으로 표기)이라는 이름으로 정리하였다. 이 이상적인 예배의 기준들은 계속되는 예배에 관한 대화를 위해 질문을 이끌어 낸다.

……교회는 당장 해야 할 많은 일들이 있고, 예배는 우선순위에서 밀린다

회중이 교회의 사역에 참여할 때 고려해야 할 것은 선택과 집중이다. 왜냐하면 회중의 에너지와 자원이 제한되어 있기 때문이다. 일반적으로 열심 있는 회중은 자신들이 할 수 있는 일보다 많은 일을 감당한다. 그러기에 선택과 집중이 고려되어야 한다. 이러한 환경 속에서 예배에 관한 대화는 좀 더 긴급한 필요가 요구되는 것처럼 보이는 사역들에 의하여 부차적인 것으로 밀려나기 쉽다. 회중의 시간과 에너지가 예배에 관한 사역보다는 효율성을 요구하는 교회 안의 급한 일에 사용되는 경우가 많다.

네바다 스팍스에 있는 스페니쉬 스프링스 장로교회는 8년째 한 교외의 상점 앞에서 회중모임을 갖는다. 이 모임의 대화 안에는 회중이 해야 할

:: 네바다 스팍스에 있는 스페니쉬 스프링스 장로교회의 성찬대과 세례대
(Photo by Doug Ramseth)

많은 사역에 대한 대화가 오고 간다. 그리고 여기 회중은 이 자리에서 예배에 대하여 진지하게 대화를 나눈다. 회중은 이 모임 안에서 자신들에게

:: 미네소타 세인트클라우드에 있는 베들레헴 루터 교회의 주일예배
(Photo by Steve Cook)

예배는 어떤 의미인지, 예배가 어떻게 그들의 삶의 중심을 바꾸어 가고 있는지 자유롭게 고백한다. 또한 그들의 예배가 흔히 말하는 대형교회의

예배와 다른 점을 나눈다. 이렇게 그들이 예배의 의미를 찾고자 노력하는 열정과 힘은 결국 그들이 교회 안에서 행하는 다른 봉사사역이나 선교사역의 동력이 된다.

……예배에 대하여 대화할 장소가 많지 않다

가끔씩 예배에 관한 대화를 나누는 장소가 우리 삶의 일상적인 곳이 되는 경우가 있다. 반면 내가 참석했던 많은 예배위원회 모임, 이사회 모임, 교직원 모임에서는 실제로 예배의 깊은 의미들에 대하여 제대로 논의하지 않고, 형식적이며 탁상공론식의 대화로 일관되는 경우가 많았다. 앞에서 이미 언급한 많은 이유들로 인하여 예배에 관한 합당한 대화가 이루어지지 않은 것이다.

이러한 관점에서 미네소타 세인트클라우드에 있는 베들레헴 루터 교회는 주목받을 만하다. 이 교회의 찬양대, 주일학교, 예술위원회, 예배기획팀, 가족팀들은 예배에 대하여 진지하게 공부하며 합당한 대화를 나누고 있다. 이러한 대화들은 이를 위한 특별한 이벤트나 그룹에 제한되기보다 일상의 시간에서 이루어진다. 저녁식사 시간에, 컨퍼런스 테이블에서, 그리고 예배 음악 리허설에서 대화가 이루어진다. 예배가 교회생활의 근원이 되는 중심적인 사건임을 회중이 함께 인식할 때, 회중에게 있어서 가장 우선되는 대화 주제가 예배에 관한 것이 된다. 이 대화는 곧 예배자로서의 그들의 정체성을 다루는 자리가 된다. 물론, 이 교회 안에는 예배에 관한 대화를 위한 정기적인 만남이 따로 있다. 그러나 이러한 대화들은 다른 시간과 장소에서도 일어난다.

……우리는 하나님의 기분을 상하게 하고 싶지 않다

거룩함과 세속 사이의 구별, 교회와 세상 사이의 구별이 너무나 분명할 때 우리는 이 땅에서 하나님을 따라 사는 삶이 거의 불가능한 것처럼 느낄 때가 있다. 어떻게 오늘날의 일상과 복잡한 삶이 하나님의 임재를 드러내도록 할 수 있을까? 나와 같은 평범한 사람이 예배의 신성한 신비들을 이해할 수 있을까? 우리가 예배의 신성한 신비들을 이해하는 것이 정상일까? 혹 나의 무지에 의해서 하나님의 기분이 상하지 않을까? 만일 내가 잘못된 것을 말한다면 어떻게 될까?

나는 인간이 갖는 이러한 호기심이 하나님께서 우리에게 주신 선물이라고 생각한다. 우리는 오랜 시간 동안 잘못된 전제를 가지고 있었다. 그것은 회중이 예배가 무엇이며 예배의 여러 가지 차원들을 이해하는 방법이 무엇인지 모두 알고 있다는 전제다. 그러나 현실은 그렇지 않다. 그러기에 나는 예배에 관한 수업을 진행할 때, 예배의 역사에 대한 슬라이드를 먼저 보여 준다. 우리가 예배하는 방법들에 대한 근원과 설명을 들어야 하기 때문이다. 이러한 기본적인 지식은 우리가 왜 예배를 드려야 하며, 또한 예배 안에서 무엇을 해야 하는지 이해하도록 돕는다. 우리가 반드시 기억해야 할 것은 하나님은 이러한 종류의 호기심과 연구에 기분이 상하지 않으신다는 것이다. 도리어 이러한 호기심은 예배 안에서 하나님의 현존에 대한 우리의 분별력을 깊고 예리하게 만들어 준다.

……우리의 의심을 숨겨야 하고, 신학적 고민을 숨겨야만 한다

세 명의 아이를 둔 젊은 엄마가 나에게 말했다. "나는 교회에 오는 것이 좋아요. 왜냐하면 이 교회에서 듣는 설교는 나를 화나게 하지 않기 때문이죠." 그녀는 이전에 다니던 교회에서 거의 매주 화가 났다. 왜냐하면 그녀가 신앙에 대하여 갖고 있는 많은 질문을 교회가 매우 불편하게 여겼기 때문이다. 심지어 교회는 그녀로 하여금 교회를 떠나게 하기까지 했다. 그녀는 이러한 과정에서 자신의 신앙이 "거의 매주 위태했다."고 고백한다. 그러나 그녀가 현재 다니고 있는 교회는 그녀가 신앙 안에서 갖게 된 의심들과 질문들, 그리고 몸부림의 표현들에 대하여 안전한 공간을 허락하며, 예배에 관한 대화 역시 훨씬 자연스럽고 편안하게 하도록 해 주었다. 이렇듯 예배 환경은 우리를 향한 하나님의 진리의 말씀과 은혜를 우리에게 잘 드러내 주어야 한다.

우리가 예배에 대한 이러한 이해를 가질 때, 우리 안에 있는 신념은 다시 점검될 필요가 있다. 우리 안에 있는 신념에 대한 재분석은 우리의 신앙을 연약하게 하는 것이 아니라 도리어 깊게 하고 강하게 한다. 이 책의 목적 중 하나는 독자로 하여금 예배에 대한 각자의 신념을 다시금 돌아보게 하고, 우리 안에 신앙적 확신을 갖도록 돕는 것이다. 그러므로 신앙에 대하여 갖고 있는 질문과 의심 자체를 억압하는 것은 회중의 신앙을 강하게 하기보다는 신앙의 끈마저 끊어 버리게 만들 수도 있음을 기억해야 한다.

위에서 언급된 예배에 관한 대화를 단절시키는 현실에 대한 이해는 우리가 충분히 고려할 만한 가치가 있다. 이 책 안에서 다루어지는 모든 교단들, 즉 장로교, 연합감리교, 성공회, 루터교, 그리스도의 연합교회 등의 공식문서들은 공통적으로 예배야말로 교회가 무엇인가에 대하여 가장 중심적이며 중요한 면을 말해 주고 있다고 선언한다. 이러한 교단들 중 상당수가 교회의 존재를 "복음이 온전히 선포되고, 거룩한 성례가 복음을

따라 행해지는 곳"으로 언급한다.[4]

　나에게 가장 친숙한 미국장로교의 「예배모범서」(Book of Common Worship)는 회중으로 하여금 하나님을 예배하는 데 도움이 되는 효과적인 자료들을 포함하고 있으며, 신앙과 삶에 대한 갱신을 추구하는 기도문들을 포함하고 있다.[5] 그러나 예배가 교회의 정체성과 삶의 중심이라는 선언만으로는 부족하다. 교회는 회중이 이러한 이해를 반영하는 예배 공동체적인 삶을 살도록 도와주어야 한다. 교회는 단순히 회중이 '할 만한 흥미 있는 것들이 있어서 찾아오는 곳'을 뛰어넘어야 한다. 교회생활은 하나의 중심적이고, 공동체적인 행동과 연결된 모든 사안들을 확인하고 발전시키는 것이 되어야 한다. 그 중심적이고 공동체적인 행동에는 바로 하나님께 드리는 예배가 있다.

천상의 예배 : 모든 창조물이 찬양할 때까지

　요한계시록의 4장과 5장은 지금도 진행 중인 하나님을 향한 우주적인 예배 장면을 묘사한다. 그리스도인들에게 있어 가장 중심적이고 중요한 부르심은 예배이다. 모든 창조물과 합하여 하나님께 찬송과 영광을 돌리는 것이다. 말씀에 선포된 모든 창조물을 향한 하나님의 구원계획은 우리가 드리는 예배에 하나님의 영감을 불어넣어 준다. 즉, 하나님께서 우리에게 주신 사명은 하나님을 향한 예배의 지경을 넓히고, 그 깊이를 깊게 하는 일이다.

　예배의 지경을 넓힌다는 것은 하나님을 아직 예배하지 않는 자들을 전도함으로 가능해진다. 만일 하나님의 은혜의 이야기를 아직 들어 보지 못한 자들이 있다면, 교회는 그들이 하나님의 이야기를 들을 수 있도록 초대해야 한다. 만일 다른 이유들로 인하여, 예를 들어 억압, 가난, 슬픔, 질병들로 인하여 하나님을 찬양하지 못하는 자들이 있다면, 교회는 그리스도의 이름으로 그들에게 가서 그들의 고난을 덜어 주도록 해야 한다. 그리하여 그들이 하나님을 함께 찬양하도록 인도해야 한다.

예배의 깊이를 깊게 한다는 것은 하나님께 좀 더 온전한 찬양을 드리는 것을 의미한다. 이러한 온전한 찬양을 드리는 것은 회중의 기도와 신앙적인 삶, 주의 깊은 자기반성, 하나님의 은혜에 대한 분별 등으로 가능해진다. 이 책에서 다루고 있는 예배에 관한 대화들이 이러한 두 가지 미션, 즉 예배의 '지경을 넓히고', 그 '깊이를 깊게 하는 일'에 큰 기여를 할 것으로 기대한다. 이 여정을 통하여 모든 창조물들이 하나님의 영광을 마침내 다 함께 찬양할 것을 간절히 소망하자.

미주.

1) 역자주 : 예배 전쟁(worship wars)이란 단어는 최근 이삼십 년 사이에 일어난 이른바 양극화된 예배 형태에 대한 논쟁을 가리키는 말이다. 각 지역과 교파, 회중의 다양한 경험과 신앙적 경향이 배경이 되어, 그동안 지켜 오던 이른바 전통적인 예배 형태와 현대적인 예배 형태가 대표적인 예배 전쟁의 논쟁 중심에 있다. 이에 대하여 엘머 타운즈는 그의 책 *Putting an End to Worship Wars*에서 예배 전쟁의 치열한 논쟁을 통하여 각 지역교회들은 자신에게 합당한 예배를 찾고자 신학적으로, 목회적으로, 예배학적으로 비판적이고도 창조적인 논의들이 진행되어야 한다고 강조한다. Elmer Towns, *Putting an End to Worship Wars* (Nashville : TN, Broadman and Holman Publish, 1997).
2) Edward Anders Sovik[Sövik], *Architecture for Worship* (Minneapolis : Augsburg Pub. House, 1973), 46.
3) 역자주 : 포괄적 언어를 사용한다는 것은 이전까지 사용해 오던 남성 중심적인 용어를 여성까지 포괄할 수 있는 용어로 대체하여, 남성우월적 혹은 여성차별적 용어를 글과 말에서 제하는 것을 말한다.
4) Augsburg Confession, art. 7, in *The book of Concord : The Confessions of the Evangelical Lutheran Church*, ed. Robert Kolb and Timothy J. Wengert, trans. Charles Arand (Minneapolis : Fortress Press, 2000), 42. Similar language is used in Presbyterian documents.
5) Presbyterian Church (U.S.A.) [PC(USA)], *Book of Common Worship* (Louisville, KY : Westminster/John Knox Press, 1993), 13.

교회에서 (성찬)빵과 잔과 (세례)물은 그것들이 예배 안에서 실제로 사용되기 전이라 해도 우리에게 이미 의미 있는 상징이 된다. 그것들이 한 장소에 나란히 있는 것 자체가 많은 의미를 던져 주기 때문이다. 빵과 잔과 물은 우리가 그것이 상징하는 의미에 참여하는 데 실제적이고 구체적인 수단이 된다. 이러한 성례적 물건들 안에는 그것들이 상징하고 있는 초월적인 요소와 존재가 있다. 이 초월적인 요소들로 인하여 빵과 잔과 물은 이미 신성하다고 해석된다.[1]

─고든 라스롭

worship
matters
chapter 02

상징적
예배 언어들

어른들은 아이들이 예배를 드리면서 동시에 예배를 배운다고 믿기 때문에 아이들과 함께 드리는 온 가족 예배나 간세대 예배에 관한 대화나 논의를 하는 것을 환영한다. 그러나 우리가 여기서 놓치지 말아야 하는 것은 이 원리는 어른들을 위한 예배에도 동일하게 적용된다는 것이다. 나는 교육학자로서 처음에는 상식적인 차원에서 예배 경험과 학습에 대하여 관심을 갖게 되었고, 점차 현장의 필요에 의해서 연구를 계속하게 되었다. '학습한다는 것'에는 어떠한 과정이 포함되는가? 우리는 무엇을 배우며, 또한 어떻게 배우는가? 예배 안에서 학습은 의도적으로 일어나지만 동시에 산섭석으로도 일어난다. 매주 우리는 예배를 드리면서 하나님을 배우고, 우리 자신을 배우고, 세상을 배운다. 이러한 일들은 설교단, 인도단, 성찬대 주변에 지속적으로 모이고, 예배에 참여하면서 일어나는 일이다. 예배함을 통하여 예배를 배우는 것은 주일학교가 기독교 역사에 나타나기 이전부터 일어났던 일이다.

사실 예배를 설명과 지시로 배우는 것에는 한계가 있다. 왜냐하면 예배는 기억과 상상력, 상징적 단어들과 행동, 물건에 의존하기 때문이다. 그러므로 예배는 이러한 것에 참여함으로 경험된다. 즉, 예배의 경험은 가르침과 지시를 통한 인지적인 학습 이상을 포함한다. 회중이 예배 안에서 하나님의 임재에 관심을 갖고 예배 안에서 참여하는 상징적 행동들과 단어들과 상징물들에 참여할 때, 그들은 하나님의 백성으로서의 자아정체성을 갖게 된다. 그러므로 교회가 하나님의 임재에 관심을 갖고 예배로 모일 때에 상징적 예배 언어들은 회중에게 강력하게 다가오게 된다.

이 장에서는 상징적 예배 언어들의 역할, 즉 예배 안에서의 행동과 상징을 통한 기억과 상상력에 대하여 다루고자 한다.

기억과 상상력

미네소타 세인트클라우드에 있는 베들레헴 루터 교회의 아이들은 (어른) 예배에 항상 환영을 받는다. 공간이 넓어서 아이들의 자연스러운 움직임에 그 누구도 방해를 받지 않는다. 고난주간 토요일 저녁의 부활절 전야 철야예배(the Great Vigil of Easter)에서 아이들은 중요한 역할을 담당한다. 이 예배 안에는 인간에게 역사하셨던 하나님의 이야기들로 구성된 열두 개의 구약과 신약 본문 읽기가 있는데, 열두 명의 아이들이 각각 한 본문씩 읽는다. 부교역자인 스티브 쿡 목사님은 성경봉독을 하기 이전에 아이들에게 낭독하게 될 성경 본문의 이야기와 내용에 대하여 먼저 가르쳐 주고, 봉독의 시연을 하고, 아이들로 낭독을 준비하게 한다. 아이들은 이러한 과정들을 통하여 성경 본문에 깊이 참여하게 되며, 아이들과 어른들 모두는 예배를 통하여 그 이야기들을 함께 기억하고 참여하게

:: 아이들과 함께하는 베들레헴 루터 교회의 예배 현장(Photo by Steve Huss)

된다. 또한 그 이야기들이 자신들의 공동체 안에 다시 재현됨을 경험한다. 그래서 베들레헴 루터 교회의 아이들과 어른들은 부활절 전야 철야예배의 성경 이야기를 나누며 그들 스스로가 하나님 백성들의 구약과 신약의 이야기들, 그러나 지금도 계속 진행 중인 그 이야기에 참여하는 자로서의 자아정체성을 발견한다.

이러한 방법으로 기독교 신앙에 대하여 배우는 것은 두 가지를 요구한다. 바로 '기억'과 '상상력'이다. 우리는 보통 기억을 과거에 일어났던 것을 회상하는 것이라고 생각한다. 그러나 최근 두뇌 과학분야의 연구는 매우 다른 연구 결과를 말해 주고 있다. 두뇌 과학자들에 의하면 기억은 단순히 과거의 사건에 대한 것이 아니다. 뇌의 구조에 의하여 기억은 음악적 기억과 시각적 기억, 감정적 기억들로 나뉘어 뇌의 일부분으로 각각 저장된다. 그리고 기억을 떠올릴 때에는 각각 저장되었던 기억들이 매우 복잡하게 과거의 기억을 재구성하는 것이다. 그리고 그러한 재구성의 과정은 현재 일어나고 있는 상황에 크게 의존한다. 결론적으로 기억은 과거의 사건들과 이야기들을 지금 여기로 다시 가져오는 행위이다.

회중은 예배 안에서 하나님께서 행하셨고 약속하신 모든 것을 하나님 앞에서 기억하도록 부름 받는다. 우리는 주일 아침에 모여서 예배할 때에 과거 이스라엘 민족과 선지자의 설교, 시편의 시, 그리고 예수 그리스도의 삶과 죽음과 부활 속에 함께하신 하나님의 적극적인 역사를 기억한다. 예배학자 돈 셀리어스는 다음과 같이 말한다.

> 하나님을 구하는 것과 거룩함을 구체화하는 것은 성경말씀에 대한 기억과 실천에 많이 의존한다. 하나님께 우리의 삶을 개방하기 위해서는 성경에 나타난 역사, 이야기, 선지자의 글, 사도들의 증언, 그리고 믿음의 공동체의 확장된 기억을 삶으로 살아 내야 한다.[2]

셀리어스는 이러한 기억에 대한 나눔 없이, 그리스도인들이 그리스도의 몸으로서 그 부르심의 삶을 살아 낸다는 것은 불가능하다고 말한다. 어른들과 아이들이 홍해를 건너가는 이스라엘의 이야기들, 또는 에스겔의 마른 뼈 이야기를 기억하고 상상할 때 그들의 이야기는 확장된다. 베들레헴 루터 교회의 사람들이 세례대 (혹은 세례받는 물웅덩이) 주변에 모일 때, 그들의 이야기는 확장된다.

부활하신 그리스도의 삶을 기억하고 축하하기 위하여 성찬대에 모일 때, 그들의 기억은 확장된다. 이 기억의 확장을 통하여 신앙공동체로서,

또한 개인으로서 그들의 구체적인 오늘의 삶은 새로운 의미를 부여받게 된다. 그 기억의 확장으로 회중은 그들의 삶에 역사하시는 하나님이 일하시는 방법을 알아 가게 된다. 그러므로 셀리어스는 예배 안에서 부여된 성서적이고 성례적인 기억을 '구원적 기억'이라고 말한다.

> 기쁨, 슬픔, 연민, 절망, 소망과 같은 인간으로서의 깊은 감정과 경험은 기억하는 과정을 통하여 회중 안에 새로운 형태와 특별한 내용으로 부여된다. 말씀을 통하여 제자들의 기도와 삶을 함께 기억하는 과정은 회중의 내면에 새로운 방향을 갖게 해 준다. 예배 공동체 안에서 나누어진 기억은 우리로 하여금 하나님의 신비를 알아 가게 하고, 하나님의 신비를 지향하게 한다. 우리는 이러한 기억을 통하여 세상을 다르게 살고, 느끼고, 계획하고, 이해하게 된다. 그러므로 하나님의 백성들과 함께하는 이러한 구원적 기억에 참여하는 것은 곧 회심을 경험하는 것이 된다.[3]

베들레헴 루터 교회 회중은 이것이 무엇을 의미하는지 너무나 잘 이해하고 있다. 현재의 예배당 건물은 15년 전에 지어졌고, 주변에 주택단지가 들어서기 전에 도심지의 교외에 자리를 잡았다. 이전하기 전의 예배당은 도심 한복판에 있었는데, 성장하는 회중의 필요를 맞추기에는 공간적으로 한계가 있었다. 새로운 지역으로 교회를 옮기는 것은 쉽지 않은 결정이었으나, 이 과정을 통하여 그들은 전에 사용하던 교회 건물과 함께했던 기억을 다시금 되살리고, 소중히 간직하는 경험을 하게 되었다.

디 페터슨 목사는 그들이 교회 이전을 준비하면서 이전 예배당과 함께했던 과거의 기억들이 현재 회상되고, 다시금 소중히 여겨졌으며, 그 기억 안에서 회중의 정체성도 발견할 수 있었다고 고백한다.

"매주 우리는 그 오래된 예배 공간 안에서 함께했던 경험들, 예를 들면 세례, 결혼, 견신례, 장례식 등에 대한 감사를 올려드렸다. 우리는 그곳에서 세례받았던 자들의 모든 이름을 적어서 종이 고리를 만들었다. 그 예배당에서 마지막으로 예배드리던 날에 우리는 교회 안에서 사용되던 초, 성구책, 성배를 함께 포장했다. 새롭게 이사하게 되는 장소의 야외공간에 갖고 온 짐들을 그대로 두고 예배를 드렸다. 그리고 우리는 그것들을 다시 다 풀었다. 우리에게 그곳이 바로 회복과 치유를 위한 목회의 자리가 되었다."

∷ 베들레헴 루터 교회의 예배당 강단 모습(Photo by author)

회중은 과거에 그들과 함께 현존하셨던 하나님에 대한 기억을 소중히 여기면서, 지금도 함께하시는 하나님의 임재를 분별하였다. 그곳은 아무런 건축물이 없는 그냥 마당이었음에도 말이다. 회중 안에서 기억과 상상력은 함께 작용하여 하나님의 현존으로 그들을 인도하였다. 그들의 기억과 상상력은 하나님의 현존을 넘어서 앞으로 하나님께서 역사하실 일들까지도 소망하게 하였다. 하나님의 백성으로서 그들의 공동체적인 과거를 기억하고, 다시 말하는 능력은 그들 가운데 거하시는 하나님의 생명사역에 대한 징표가 되었다.

:: 베들레헴 루터 교회의 본당 안에 있는 세례대(Photo by author)

베들레헴 루터 교회의 회중은 과거에 행하셨던 하나님에 대한 기억을 통하여 지금도 여전히 하나님께서 함께 거하심을 확신하고 있다. 그러나 아직 현존하지 않는 것을 소망하고, 그것에 대한 열정을 내기 위해서는 상상력이 요청된다. 여기서 상상한다는 것은 막연한 공상이 아니다. 그것은 지금, 그리고 여기에서 눈에 보이는 물질세계의 한계를 뛰어넘어 보는 능력을 말하는 것이다. 여기서 상상력은 우리의 이야기와 성서의 이야기 사이에 있는 연계성을 보게 해 주는 능력이다. 크레이그 다익스트라는 이러한 상상력에 대하여 예술가를 예로 들어 설명한다.

> 예술가들은 창조적인 작업을 할 때 그들이 갖고 있는 상상력과 지성을 활용한다. 그들이 이미 인식해 온 세상 위에 상상력이 활용된 묵상이 더해지는 것이다. 이러한 상상력은 그들에게 현실적인 실재에 대한 새로운 시각을 제공해 준다. 상상력은 예술가들 각자가 받은 은사이지만, 동시에 교육되어 강화될 수 있다. 예술가의 상상력은 반복하여 참여하는 공동체와 실제로 참여하는 작업 안에서 형성되고 강화된다.[4]

다익스트라는 이 상상력을 '깊이 보는 것'(seeing in depth)이라고 부른다. 예배는 우리로 하여금 바로 이 '깊이 보는 자리'로 초대한다. 학습이론가인 조시 와이츠킨은 그의 연구에서 이렇게 말한다. "깊이 학습하는 것은 언제나 넓게 학습하는 것을 뛰어넘는다. 왜냐하면 그것은 만질 수 없으며, 의식할 수 없지만, 우리 안에 숨겨진 창조적인 가능성을 위한 통로를 열어 주기 때문이다."[5]

예배를 배우는 것은 이러한 숨겨진 가능성을 깊이 보는 것을 포함하는 것이다. 우리가 우리 자신의 이야기와 연관된 교회의 이야기에 상상력을 가지고 참여할 때, 바로 이 의미의 깊음을 경험한다. 이 의미의 깊음은 과거와 현재와 미래를 묶어 주며, 공동체와 개인을 묶어 주며, 마음과 정신과 몸과 영혼을 묶어 주게 된다.

의례, 상징, 그리고 은유

교회에는 성경말씀과 더불어 그 교회만의 전통과 상징, 은유와 이야기가 있다. 이는 교회의 역사와 함께 세워지고 전달된 것들이다. 어느 교회든 둘러보라. 그 교회 안에서 성경 이야기와 교회 공동체로부터 나온 신앙 공동체의 이야기들을 회상하도록 돕는 교회 기구와 물건, 스테인드글라스를 쉽게 볼 수 있을 것이다. 캘리포니아 터스틴 장로교회는 최근에 예배당을 리모델링하였다. 찬양대석 벽 위에는 선한 목자가 새겨진 스테인드글라스가 있다.

:: 캘리포니아 터스틴 장로교회 본당(Photo by Helen Anderson)

설교단과 팔각으로 된 세례대와 성찬대에는 삼위일체를 상징하는 세 잎 모양의 그림이 새겨져 있다. 수년 간에 걸쳐서 디자인되고 모아진 실내장식품들은 교회력에 따라서 빨간색, 녹색, 보라색, 그리고 보라색 계열로 장식된다. 이 장식들은 성령의 비둘기, 포도와 포도 나뭇가지, 이 새나무, 가시관을 쓴 어린양 등의 이미지를 함축하고 있다. 축제 기간 중에는 배너가 예배당을 아름답게 꾸민다. 매 주일예배는 예배위원이 본당 앞, 가운데에 위치한 세례대에 물을 붓는 것으로 시작하는데, 이는 보통 아이들이나 청소년들이 담당한다. 회중은 이러한 이미지, 색깔, 예전기구, 의례적 행동에 참여하면서, 역사를 통하여 일해 오신 하나님의 역사를 회상한다.

:: 터스틴 장로교회의 예배 시 세례대에 물을 붓는 청소년들
(Photo by Helen Anderson)

스테인드글라스를 제외하고 개신교 주요 교단의 예배 장소 안에서 예전적인 색깔과 상징, 의례행동이 의도적으로 실천된 것은 최근에 일어난 현상이다. 개신교의 많은 교단들은 "의례는 형식이며, 단지 지적으로 빈약한 자들을 위해 의지하는 것" 정도로 인식해 왔다.[6] 그러나 의식을 하든 안하든 모든 종교적인 공동체 안에는 공동체원들이 정체성을 갖게 도와주는 의례가 있다. 그 의례는 언어의 반복된 패턴, 반복된 행동들, 일련의 순서들을 포함한다. 그 의례 안에 있는 친숙함과 환경들은 공동체원들로 하여금 '우리'라는 정체성을 갖도록 돕는다. 그래서 의사소통 전문가들은 의사소통이 단어 그 자체보다 상황과 제스처, 그리고 억양에 더욱 영향을 받는다고 말한다. 그러므로 중요한 것은 의례를 갖느냐 갖지 않느냐가 아니라 어떤 의례를 갖느냐 하는 것이다. 진정한 의례는 살아 있는 상징을 필요로 한다. 회중은 예배 안에서 행동들, 공간들, 언어들, 그리고 물건들의 배열과 참여를 통하여 하늘과 땅의 창조자이신 하나님의 임재를 분별하며, 동시에 그 임재 안에서 자신들의 의지를 표현한다.[7]

1장에서 우리는 '예배 언어'에 대하여 언급하였다. 이 예배 언어는 예전적 언어들이 갖는 비언어적 특징을 잘 나타낸다. 즉, 예배는 언어적이라기보다는 비언어적임을 알 수 있다. 예배 안에는 분명 단어가 사용된다. 그러나 이 단어들은 몸짓, 자세, 행동, 그리고 음악과 같은 비언어적 예배 언어들에 기독교적 내용과 스토리들을 제공하여, 예배가 기독교적인 예배가 되도록 돕는다.[8] 비언어적 예배 언어들은 예배 안에 있는 기구와 장식품뿐만 아니라 크기, 모양, 조명, 그리고 음향을 포함한다. 그러므로 회중과 그들의 행동, 몸짓, 노래, 그리고 단어는 모두가 합하여 기독교 예배의 상징적 풍성함을 만들어 낸다. 이러한 풍성함은 단어 자체만으로는 표현할 수 없는 풍성한 의미를 회중에게 전달해 준다.

"저것은 단지 상징적인 것일 뿐이야."라고 말하는 것을 종종 들었을 것이다. 여기에 쓰인 '상징적'이라는 말은 그것을 지칭하는 어떤 사건이나 대상이 그다지 중요하지 않을 때 쓰는 말이다. 그러나 기독교 예배 안에서의 이 개념은 전혀 다르다. 특히 예배 안에 쓰이는 상징적인 언어들은 더욱 그렇다. 돈 셀리어스는 이렇게 말했다.

"살아 있는 의례 안에서의 상징은 상징, 그 이상의 것을 의미한다. 상징은 보이는 것 이상의 무언가를 인간에게 보여 준다. 이것이 바로 사인(sign)이 상징(symbol)이 되는 방법이다."[9]

여기에서 사인과 상징의 차이점을 언급하는 것이 좋겠다. 사인과 상징은 모두 간접적으로 무언가를 가리킨다. 사인의 일반적인 예는 팔각형 모양의 빨간 정지 표지판이다. 그것은 교통법을 가리킨다. 정지 표지판은 오직 하나의 의미만 갖는다. 하지만 상징은 그것을 뛰어넘는 무언가를 말하며 여러 가지의 의미를 전달한다. 게다가 상징은 우리가 그러한 의미에 가까이 가도록 돕는다. 상징은 다른 시간과 공간의 이야기와 생각이 지금 여기에서 드러나게 해 준다. 그래서 우리는 기독교 신앙 안에서 주요한 상징을 매우 가치 있게 여긴다.[10]

이러한 관점에서 버지니아 리치몬드에 있는 그리스도 루터 교회의 예배 현장을 살펴보자. 복음서를 읽는 시간이 되면 준비된 예배위원이 성경책을 들고 예배당 안으로 입장한다. 예배위원이 성경책을 들고 행진하며 들어올 때에 회중은 자리에서 일어난다. 그 행렬 안에는 성경책을 들고 들어오는 예배위원 외에, 십자가와 촛불을 들고 들어오는 예배위원들이 있다. 사람들은 이 행렬이 지나갈 때 십자가 성호를 그으며, 말씀이 육신으로 오신 예수님을 찬양한다. 이렇게 복음서 말씀을 읽는 상징적인 예식 안에서 예수님의 임재가 회중에게 인식된다.

:: 그리스도 루터 교회의 예배 현장(Photo by Dave Swager)

이 교회의 강대상과 성찬대는 핵심적인 상징물로 제작되었고 그렇게 사용된다. 성찬을 하기 전날, 여성 성도들이 모여 성찬대를 준비하는 데 거의 두 시간을 보낸다. 그들은 성찬대의 제대를 빨고 갠다. 그리고 각 예전 물건들을 윤이 나게 닦으며 있어야 할 자리에 놓는다. 예식서 책은 인도자가 사용하도록 제자리에 놓아 주고, 인도하게 될 페이지를 미리 펴놓는다. 성찬을 마치면 사용한 성배와 성반, 예식서와 제대를 조심스럽게 정리한다. 이러한 일들은 대부분 침묵 가운데 진행된다. 이것을 행하는 여성 성도들은 이러한 현장을 개인적인 영성 실천의 장으로 이해한다.

매사추세츠 뉴튼 코너에 있는 은혜 성공회 교회에 있는 세례대는 그 크기를 통하여 상징의 중요성을 나타낸다. 이 세례대는 덮개를 제외하고 높이가 약 90센티 정도이며, 덮개를 포함하면 적어도 1미터 50센티 정도로 높다. 세례대는 크게 세 부분으로 구성되어 있는데, 이는 삼위일체 하나님을 상징한다. 세례대 바로 옆에 위치한 부활절용 초는 이 세례를 통하여 빛이신 그리스도에게로 나아감을 상기시켜 준다. 또한 이 세례대는 교회의 다른 건물과 예배당을 연결해 주는 문 바로 옆에 위치한다. 이는 예배당으로 입장하는 대부분의 회중이 그 세례대 옆을 지나가게 함으로, 그들로 하여금 이곳을 지날 때마다 세례와 그 의미를 생각하게 하는 것이다.

무엇보다도 상징이 가장 핵심적으로 보여 주는 것은 바로 예수님이다. 이것은 미국장로교 예배모범에 아주 명확하게 나타나 있다. 예배모범서에

:: 은혜 성공회 교회에 있는 세례대(Photo by author)

∷ 그리스도 루터 교회의 성찬대(Photo by Dave Swager)

는 "그리스도는 이러한 중심적 상징들을 통하여 성령에 의해서 교회 안에 임재하신 분"이라고 명시되어 있다.

예수 그리스도는 우리의 일상생활 안에 현존하시는 살아 계신 하나님이시다. 신앙의 증인들 안에서 고백되는 예수님은 다음과 같다.

(1) 창조 안에 선포된 하나님의 말씀이시다.
(2) 언약의 역사를 통하여 약속되고 선언된 하나님의 말씀이시다.
(3) 성육신하셨고 우리 가운데 거하셨던 하나님의 말씀이시며, 십자가에서 돌아가시고 능력 가운데 부활하신 하나님의 말씀이시고, 영광 중에 다시 오셔서 심판하시고 다스리실 하나님의 말씀이시다.

성경은 선포된 하나님의 말씀이시며, 성례전은 살아 계신 하나님의 말씀이신 예수 그리스도를 보여 준다. 하나님은 말씀, 설교, 그리고 성례를 통하여 그리스도 안에서 나타나신다. 이러한 역사는 성령님께서 우리를 변화시키시고, 우리에게 능력을 부으시고, 우리를 지탱하시는 일이다.[11]

그리스도 안에 계신 하나님은 이러한 상징 안에서 성령의 능력에 의하여 임재하신다. 즉, 하나님의 임재는 신앙 공동체가 예배로 모이는 그 자리에서 상징적인 단어와 행동에 의하여 인식된다.

예배 안에서 부활하신 회중이 예수님 외에 다른 것들에 관심을 갖게 되면 그리스도와의 이러한 만남에 방해를 받게 된다. 회중이 예배 안에서 습관적으로 자기몰두에 빠져 있을 때 상징적인 단어와 행동은 그들이 하나님의 생명으로 나아가게 돕는다.[12] 이러한 변화는 회중이 바른 단어나 바른 제스처에 참여했을 때 일어나는 변화라기보다는, 상징을 통하여 드러내시는 하나님의 현존에 대하여 깊이 묵상하고 분별하려고 할 때 일어나는 것이다.

"인간들의 단어가 하나님의 살아 있는 말씀으로 다시 우리에게 역사하기 위해서, 우리는 시간과 공간, 소리와 시각, 맛과 문자와 육체적인 움직임 안에 숨겨진 언어를 발견하고 참여해야 한다. 이때 비로소 상징은 하나님의 임재하심을 드러내는 살아 있는 상징이 된다."[13]

로날드 바이어스는 "육체와 영 사이에는 심오하고 신비스러운 상호보완적 관계가 있다."고 말한다.[14] 예배 인도자들의 몸짓과 자세에는 바로 이러한 상호보완성이 있다. 예를 들면 이와 같다. 내가 어느 교회를 방문했을 때 그 교회 본당은 매우 컸지만 상대적으로 세례대와 세례잔은 매우 작았다. 그럼에도 불구하고 부교역자는 미국장로교회의 예배·예식서에서 말하는 성례전에 대하여 매우 진지하게 설명하였다. 예배·예식서에 따르면, 매주 예배를 드릴 때마다 사람들 가운데 세례대를 놓고 물로 채워야 한다. 이때에 예배 인도자는 그에 합당한 자세를 취해야 한다.[15] 종종 이러한 자세는 예배 중의 죄의 고백과 사죄의 선언 시간에 활용될 수 있다. 예배·예식서는 우리가 무엇을 어떻게 하는가에 따라서 우리가 말하는 것 하나하나의 의미가 전달된다고 말한다.[16] 그러나 이러한 관점에서 교회 본당에 비하여 매우 작은 세례대와 세례잔을 사용하고 있는 이 교회의 현장을 보라. 집례자가 아무리 머리로는 세례대와 관련된 의미 있는 제스처를 이해하고 강조해도, 실제로 예배 시 취하는 작은 제스처는 회중이 제대로 볼 수 없기 때문에 다른 의미로 전달될 수도 있다. 이 집례자는 자신의 의도와는 다르게 그의 소극적 자세, 움직임, 작은 세례대, 세례잔과 물을 통하여 회중에게 한 가지 메시지를 전한다. 그것은 하나님께서 성전 기구들을 통하여 회중에게 말씀하신다는 것을 지금 집례자가 의심하고 있다는 것이다.

유대교의 예배에는 언제나 몸이 함께 참여한다. 유대교로부터 개종한 스티브 슈셋은 '체현화된 영성'(embodied spirituality)을 언급한다. 체현화된 영성이란 영성이 몸의 사용과 더불어 예배, 기도, 찬양 안에서의 모든 감각과 연결되어 있음을 인식하는 것이다. 슈셋은 칼뱅을 인용하면서 다음과 같이 말한다. "우리는 하나님을 기뻐해야 할 때에 너무나 냉랭하다. 우리는 하나님 안에서 스스로의 몸을 사용해야 한다. 즉, 우리의 온몸을 하나님을 예배하는 데 사용해야 한다. 이러한 과정으로 우리는 하나님을 높여드리는 것이다."[17] 슈셋은 말하기를 체현화된 영성은 생각과 앎(thinking and knowing)의 영성이라기보다는 행동과 존재(doing and being)의 영성이라고 하였다. 이것은 생각과 앎이 없어져야 함을 말하는 것이 아니다. 이는 영성이라는 것에 대한 개념적 지평의 확장을 말하는 것이다. 즉, 우리의 예배 안에는 우리의 온몸이 활용된 예배행위들이 풍성하게 사용되어야 하며, 동시에 그러한 예배행위에 대한 충분한 묵상이 따라야 한다.[18]

우리는 '예전의 언어'라는 단어를 들으면 대부분 기도책과 예식서에 나오는 생각과 개념을 생각한다. 그러나 우리는 예전의 언어에 대하여 좀 더 지평을 확장해야 한다. 즉, 제스처, 행동, 색깔, 기구, 단어, 그리고 그것들의 배열까지도 생각해야 한다. 우리가 이것들을 함께 생각할 때 이러한 상징적 언어들은 우리로 하여금 풍성한 형이상학적 개념들과 이해를 형성하게 한다. 이 확장된 상징적 언어로 인하여 회중은 하나님과 자기 자신, 세상의 현실들을 깊이 인식할 수 있다. 또한 이 상징적 언어는 회중으로 하여금 하나님을 예배하게 도우며, 세상에 참여할 수 있게 돕는다.

병치

우리 가족은 항상 벽에 가족사진을 걸어 놓는다. 그 사진 안에는 조부모님과 고조부모님, 결혼, 신생아, 졸업, 그 외의 다양한 모습이 담겨 있다. 사진 액자끼리 가까이 모아 놓기 때문에 마치 하나의 기록물처럼 보이기도 한다. 이때 예쁘게 보이기 위해 액자를 배치하지는 않는다. 대신 사진 안에 연결된 이야기들이 주된 관심거리이다. 이 사진들을 통하여 사진 속에 담겨 있는 이야기들은 다시 기억된다. 조부모님들의 사진이 그분들의 아들딸과 연결되어 있을 때와 사돈 혹은 이모의 사진 옆에 놓여 있을 때는 다른 이야기와 다른 의미를 만들어 낸다. 우리는 이사할 때마다 벽에 있는 사진들을 다시 떼어 내고, 새로운 집에 다시 배열한다. 그 배열은 대부분 동일하지 않다. 하지만 사진 안의 이야기와 그 의미는 여전히 담겨 있다.

이와 유사한 일이 예배 안에도 일어난다. 가끔씩 예배에 가는 이들이나 방문객에게는 매 주일의 예배가 동일하게 반복되는 행위로 보일 수 있다. 하지만 가까이에서 보면 그렇지 않다. 예배는 절대 단순한 반복이 아니다. 주에 따라, 절기에 따라, 예전의 다양한 언어들이 묶여 하나님의 초대를 보여 주는 것이다.

상징적인 언어들은 일반적으로 의미가 넘쳐남을 보여 준다. 즉, 상징을 통하여 의미가 넘쳐나는 것이다. 이렇듯 넘쳐나는 다양한 언어들이 상호작용할 때 의미가 드러난다. 이것이 바로 예배학자 고든 라스롭이 말하는 예전적 병치(liturgical juxtaposition)다. 즉, 예배 안에 있는 상징들이 서로 상호작용하고 있는 상태를 말한다. 이 상징들의 상호작용은 상징들이 예배 안에서 배열되고 또다시 재배열될 때 일어난다.

> 교단을 뛰어넘어서, 주일예배에는 다음과 같은 중심적 상징들이 있다. 그것은 성경책, 세례(대), 성찬을 위한 빵과 잔이다. 부차적으로는 불, 기름, 옷, 의자, 이미지, 악기 등이 있다. 이러한 것들은 정적인 것이 아니며 행동 안에서 의미를 갖는다. 또한 이러한 상징들은 의도적으로 병치된다. 이러한 상징물들은 일상생활에 쓰이는 단순한 물건으로 시작된다. 그러나 그것들은 서로 병치되고, 배열되며, 특별히 하나님의 말씀과 연결되면서 각각의 의미를 드러낸다. 이러한 방법을 통해 예배 현장은 풍성한 의미의 현장이 된다. 이러한 병치를 통하여 세례와 성찬으로 집약되는 모든 삶을 향한 하나님의 빛을 경험하게 된다.[19]

병치에 대한 라스롭의 언급은 우리가 지속적으로 관심을 가질 가치가 충분하다. 교회는 예배 안에서 바로 이러한 병치를 통하여 세상에 증언할 하나님의 구원 메시지를 명확하게 보여 준다. 이는 기독교 신앙의 중심적인 상징들과 함께 시작하며, 이 상징들은 단어 자체만으로는 결코 다 보여 줄 수 없는 하나님의 구원 메시지를 명확하게 보여 준다.

연극으로서의 예배

음악가, 건축가, 화가, 조각가, 그리고 연극하는 자와 같은 예술가들은 상징적이고 형이상학적인 언어를 통하여 의미를 전달하는 데 익숙하다. 이는 우리가 하나님을 예배하는 방법과 깊은 관련이 있다. 예배 안에서 실제로 무엇이 일어나고 있는지를 이해하는 방법은 결코 단어 자체만으로는 부족하기에, 예술가들의 은유는 예배를 이해하는 한 가지 방법을 제공한다. 다니엘 베네딕트는 예배에 참여함에 대하여 은유로 표현하기를, 예배드림은 마치 하나님과 우리 자신, 창조세계 전체가 함께 사랑의 춤을 추는 것과 같다고 하였다.

"우리가 예배에 참여할 때 우리는 신비에 잠기게 된다. 그 신비는 하나님의 세상을 향한 신비이며, 사랑의 춤으로써의 구원적 신비이다. …… 그리고 우리의 삶은 이 춤 안에서 삼위일체 하나님의 생명과 깊이 연합된다."[20]

'페리코레시스'라는 단어가 바로 이 춤에 관한 신학적인 용어이다. 이 개념은 예배자가 경험하게 되는 영적 성장과 연결되는데, 그것은 곧 신성화(divinization)이다.

동방정교회에서는 이러한 신비적 여정을 신성화라고 부른다. 이것은 하나님의 생명으로 들어가는 것이며 하나님의 생명을 공유하는 것이다. 이러한 신성화에는 페리코레시스가 있다. 문자적으로 페리코레시스는 춤을 추면서 도는 것을 의미한다. 삼위일체 하나님은 사랑의 춤의 공동체이시며, 이 춤 안에서 삼위 하나님은 각각 서로를 향한 상호존경을 가지신다. 이러한 춤 안에서 사랑은 넘쳐흐르고, 우리 안에까지 흘러들어오게 되며, 마침내 우리로 하나님의 창조하시고 구원하시고 지탱하시는 생명으로까지 이르게 한다. 이러한 춤 안에서 성부, 성자, 성령님과 모든 피조물은 사랑을 공유하게 된다. 그리고 하나님은 마침내 우리가 모든 것을 사랑할 때까지 피조물 안에 사랑으로 머무르신다. 여기에 예전적 기도의 핵심이 있다 : 우리는 기도 중에 하나님과 춤을 추는 우리 자신을 발견하게 된다.[21]

베네딕트는 교회의 예배를 하나님과 함께 춤추며 노는 자리로 이해한다. 여기서 하나님은 우리를 불러내시고, 우리와 함께 즐기기를 원하신다.[22]
 이러한 놀이적이고 예술적인 이미지들은 나에게 의미하는 바가 크다. 여러 해 동안 교회 부설 어린이집에서 3세 아이들을 가르칠 기회가 있었다. 마침 그때는 어린이 놀이에 관한 연구를 하고 있을 때였다. 나는 놀이하는 아이들을 관찰하면서 그들이 시간과 공간을 초월하여 놀이를 하고 있음을 알게 되었다.
 아이들은 몇 개의 단순한 물건으로도 시간과 공간을 초월하여 놀이를 한다. 예를 들면, 크레용, 종이, 천조각, 진흙, 블록, 접시, 냄비 등을 가지고 그들은 자신만의 세상을 만들어 내고, 그 세상 안에서 놀이를 한다. 몇 개의 물건이 그들에게는 놀이터, 곧 정글이나 집이나 바닷가가 되어 그곳에서 놀게 한다. 그들은 수영하고, 전쟁하고, 말을 타고, 큰 빌딩 사이를 뛰어다니기도 한다. 이러한 것들은 상상에 의하여 이루어지지만, 아이들에게 있어서 그것은 실재이다.
 이러한 유사한 초월적인 순간들은 어른들에게도 동일하게 일어난다. 매우 재미있게 본 영화, 연극, 소설, 단막극을 상상해 보라. 그 이야기에 사로잡혔을 때에 우리들은 기꺼이 그 상황 안으로 들어간다. 춤, 테니스 경기, 농구 경기, 재봉, 건축 프로젝트를 상상해 보라. 우리는 우리가 있는 장소와 시간을 잃어버릴 정도로 그것에 집중하게 된다.

우리가 몸으로 예배에 참여하고, 예배가 풍성한 상징을 가질 때 위와 같은 일이 우리 안에도 일어난다. 우리는 예배 안에서 말씀과 찬양과 기도를 통하여 하나님의 신적인 춤에 참여하도록 초대받는다. 예배가 충분히 상징적이고 참여적일 때 우리는 의심 없이 그 춤에 깊이 참여하게 된다. 고대로부터 신학자들은 우리가 이러한 신적인 춤에 들어가기 위해서는 다양한 통로가 필요하다고 주장해 왔다. 예를 들면, 칼뱅은 가르침과 설교만으로는 우리가 그리스도를 받기에 충분하지 않음을 주장하며, 하나님은 우리 인간이 이해할 수 있는 범주 안에서 보이는 사인을 통하여 우리에게 오시며 말씀하신다고 언급한다.[23] 로날드 바이어스는 이와 관련하여 다음과 같이 말한다.

> 예배 안에는 오직 상징적으로만 표현될 수 있는 내적인 경험과 관계가 있다. 말씀과 성례를 통하여 하나님은 우리를 온전히 만나시고 공급하신다. 우리의 생각보다 높으신 하나님은 언어와 행동을 통하여 우리의 이성을 뛰어넘으시고, 우리와 만나신다. 하나님께서는 우리를 만나시고 만지시는 수단으로 성례적인 드라마를 사용하실 수도 있다.[24]

다음 장부터 이러한 상징적인 예배 언어들을 구체적으로 살펴볼 것이다. 이 예배 언어들은 예배를 구성하며, 예배 안에서 서로 상호작용 한다.

미주.

1) Gordon W. Lathrop, *Holy Things : A Liturgical Theology* (Minneapolis : Fortress Press, 1993), 95.
2) Don E. Saliers, *Worship and Spirituality*, 2nd ed. (Akron, OH : Order of Saint Luke Pubs., 1996), 6.
3) 위의 책, 8.
4) Craig Dykstra, "A Way of Seeing : Imagination and the Pastoral Life," *Christian Century* 125 (April 8, 2008) : 26.
5) Quoted in L. Gregory Jones, "Learning Curve," *Christian Century* 124 (August 7, 2007) : 33.
6) Ronald P. Byars, *Lift Your Hearts on High : Eucharistic Prayer in the Reformed Tradition* (Louisville, KY : Westminster John Knox Press, 2005), xiv.
7) Saliers, *Worship and Spirituality*, 29.
8) 위의 책, 31 ; also see Ostdiek, *Catechesis for Liturgy* ; and Don E. Saliers, *Worship as Theology : Foretaste of Glory Divine* (Nashville : Abingdon Press, 1994).
9) Saliers, *Worship and Spirituality*, 29-30.
10) Louis K. Dupré, *Symbols of the Sacred* (Grand Rapids : Wm. B. Eerdmans Pub. Co., 2000), 2.
11) PC(USA), Directory for Worship, in *Constitution of the Presbyterian Church (U.S.A.)*, pt. 2, *Book of Order, 2007-2009* (Louisville, KY : Office of the General Assembly, PC⟨USA⟩, 2007), W-1.1003.
12) Saliers, *Worship and Spirituality*, 33.
13) 위의 책, 32.
14) Ronald P. Byars, "Body Language," *Call to Worship : Liturgy, Music, Preaching, and the Arts* 35 (2001) : 4-5.
15) Office of Theology and Worship, PC(USA), *Invitation to Christ : A Guide*

to Sacramental Practices (Louisville, KY : PC〈USA〉, 2006), 10-12.
16) 위의 책, 11.
17) Steve Shussett, "Embodied Spirituality : Is There Any Body in Worship?" *Call to Worship : Liturgy, Music, Preaching, and the Arts* 38 (2004) : 11.
18) 위의 책, 13.
19) Lathrop, *Holy Things*, 10-11.
20) Daniel T. Benedict, *Patterned by Grace : How Liturgy Shapes Us* (Nashville : Upper Room Books, 2007), 124.
21) 위의 책, 124-125.
22) 위의 책, 16.
23) Jean [John] Calvin, *Short Treatise on the Holy Supper of Our Lord and Only Savior Jesus Christ* (1541), in his *Theological Treatises*, trans. J. K. S. Reid, Library of Christian Classics 22 (Philadelphia : Westminster Press, 1954), 143-144 ; quoted in James White, *Documents of Christian Worship : Descriptive and Interpretive Sources* (Louisville, KY : Westminster/ John Knox Press, 1992), 203.
24) Ronald P. Byars, *Christian Worship : Glorifying and Enjoying God* (Louisville, KY : Geneva Press, 2000), 31.

Worship Matters

A Study for Congregations

모든 것은 모이는 것에서부터 시작한다. 하나님은 사람들을 모으시고, 행하신다. 하나님은 언약을 세우시고, 공동체를 창조하신다. …… 하나님은 성전 안에 계시거나 산 위에 계시는 것이 아니라, 사람들 가운데 거하신다. 사람들과 함께 거하시며, 그 모임 안에 거하신다.[1]
- 디 포이 크리스토퍼슨

교회와 같이 보이는 건물을 디자인하는 것이 현대 건축의 과제가 아니다. 진정한 과제는 예배를 드리기에 합당한 건물을 창조하는 것이다.[2]
- 피터 햄몬드

worship
matters
chapter 03

모이는 하나님의 백성들: 예배를 위한 장소

예배의 상징적 언어들은 예배드리는 사람으로 하여금 하나님과 자신과 세상을 이해하게 도와준다. 이러한 언어들 중에서 공간의 언어는 다른 예배 언어에 영향을 끼친다. 예배를 위한 공간의 언어가 예배자들이 가장 먼저 접하는 언어이기에, 예배의 여러 가지 상징적 언어에 대한 연구를 공간에 대한 논의로부터 시작하고자 한다.

초대교회 그리스도인들에게 교회는 곧 건물이 아니라 자기 자신이었다. 이들은 하나님에 의해서, 예수님을 통하여, 성령님의 능력으로 부름받은 사람들이다. 그래서 그들은 예배로 모이는 장소를 교회라고 부르지 않고, '집에 있는 교회'(the church that meets at their house)라고 불렀다(롬 16:5). 나는 이러한 표현을 좋아한다. 왜냐하면 '집에 있는 교회'라는 표현은 교회와 예배를 드리기 위해서 모이는 물리적인 장소를 구별해 주는 단어이기 때문이다.

성경말씀을 보면, 사람들이 하나님을 만난 장소는 다양하다. 족장 시대의 제단, 출애굽 시대의 성막, 예루살렘의 성전, 바벨론 포로 시기의 지역 회당들은 모두 하나님을 만났던 장소이다. 예수님의 부활 이후, 제자들은 예수님의 임재를 생생하게 경험하였던 다락방과 감람산에 지속적으로 모였다. 이러한 장소들은 그들에게 특별한 장소로 여겨졌다. 오늘날까지도 교회가 모일 때 예배의 중심점은 바로 부활하신 예수님께서 임재하고 현존하는 자리이다.

예배 공간의 목적은 회중으로 하나님을 예배하기 위한 환경을 만드는 것이다. 길버트 오스딕은 이것을 '거룩한 환경'(holy climate)이라고 부른다. "좋은 예배 공간은 사람들로 하여금 하나님의 임재를 경험하게 하는 장소이며, 그들의 삶 속에 하나님을 초대하는 곳이다. 이 장소에서 하나님은 그분의 감정과 치유를 전달하신다."[3] 예배 공간은 무엇보다 하나님과 하나님의 백성들이 만나는 장소이다. 로버트 호브다는 이러한 만남을 다음과 같이 묘사한다.

> 예배 모임은 지역의 사회적인 모임이 아니고, 이웃 간의 회의도 아니다. 엘리트들의 모임도, 친구 간의 모임도, 가정 모임도, 부족 모임도, 시민 모임도 아니다. 이데올로기적 모임도 아니며 성직자들만의 모임도 아니다. 그것은 세례받은 자들의 하나 됨, 즉 그리스도의 몸과 연합된 일치가 드러나는 곳이며, 예배 행위 안에서 그 일치가 깨달아지는 곳이다. 예배의 자리는 사명과 함께 부르심을 받은 자들이 누리는 하나님의 언약으로서의 축제이다. 예배 안에서 우리는 세상을 조금씩 변화시켜 나가며 섬기는 공동체적인 부름을 받는다. 이 부르심은 곧 하나님의 선물이다.[4]

그러므로 교회의 집은 하나님과 하나님의 백성들 간의 언약을 깨닫는 장소이며, 이 깨달음은 예배에 참여하면서 일어난다. 교회가 집을 갖는 유일한 이유는 예배를 드리기 위해서이다. 즉, 교회의 집은 회중이 모여서 하나님을 기대하고, 그분과 만나기 위하여 존재한다.

우리는 하나님의 자녀로서 몸을 통하여 하나님의 생명을 체험한다. 우리의 몸이 공간적으로 어디에 위치하느냐에 따라서, 예를 들면 무엇 위에, 아래에, 앞에, 뒤에, 옆에 있느냐에 따라서 우리의 예배 참여에 영향을 받는다. 또한 예배 공간의 크기, 범위, 음향 등도 우리의 예배 참여에 영향을 끼친다. 공간이 너무 작거나 크면, 혹은 음향이 너무 크거나 안 들리면, 우리는 예배에 참여하는 데 제한을 받는다. 우리는 시각, 청각, 후각, 촉각 등 모든 감각들과 연계된 예배의 공간과 환경을 경험한다. 우리는 예배 공간이 여유가 있든, 비좁든, 잘 짜여졌든, 엉망이든 그 공간의 크기와 높이를 인식하게 되며, 이는 우리의 예배 참여에 영향을 준다. 심지어 예배 공간 안에 있는 냄새, 색깔, 모양, 빛과 어둠도 인식한다. 음향과 조명은 우리가 예배드릴 때 우리의 예배 참여에 도움이 될 수도 있고, 방해가 될 수도 있다.

예배는 운동경기를 관중하는 것보다는 경기에 참여하는 것과 같다. 그러므로 예배 공간은 회중이 쉽게 예배에 참여하도록 도와야 한다. 예배자들은 예배에 참여하기에 편안한 공간을 필요로 한다. 한편, 공간은 잘 정돈되어 있어야 하며 모인 사람들로 하여금 그 공간이 눈에 잘 들어오도록 도와야 한다. 예배 공간은 하나님을 공동체적으로 만나는 곳이자, 성도끼리 만나고, 그것을 표현하는 장소이기에 예배를 드리기에 적합한 장소여야 하고, 모인 예배 공동체를 볼 수 있어야 한다. 그러나 이러한 예배 공간이 예배자들에게 인식되지 못하기도 하고, 그 영향력이 무시를 당하기도 하는 현실이 매우 아쉽다.[5]

텍사스 벨레어에 있는 그리스도 장로교회의 회중은 예배 공간에 대하여 고민하는 데 많은 시간을 보냈다. 전체 회중은 약 200여 명으로, 그들은 현재의 건물로부터 1마일 정도 떨어진 곳의 교회 건물을 사용하다가 현재의 장소로 이전했다. 복음을 전하는 것을 목적으로 하여 두 개의 교회였던 벨레어 장로교회와 브레번 장로교회가 합쳐져서, 지금은 하나의 연합교회가 되었다. 교회의 건물은 벨레어 교회의 건물을 사용하게 되었고, 두 교회의 목회자는 동사목사가 되었다.

동사목사가 된 레이시 셀러 목사와 마크 쿠퍼 목사는 아름답게 동역함으로 두 교회의 회중을 하나로 연합하게 하였으며, 그 첫 번째 프로젝트로 본당을 개조하기 시작했다. 예배 공간에 비하여 강대상이 너무 높았고, 설교단이 컸다. 또한 강대상과 설교단은 회중과의 거리가 너무 멀었고, 세례대는 비어 있었으며, 찬양대석은 난간에 가려서 잘 보이지도 않았다. 두 목회자는 그 누구도 교회 건물과 자산을 자신의 것이라고 주장하지 않았고, 연합된 교회를 위하여 변화해야 함을 인식하였다. 그리하여 본당 개조 추진위원회가 구성되었고, 이 변화의 작업에 3개월이 걸렸다. 그리고 마지막 두 주는 회중도 본당 개조 작업에 참여하였다.

본당 개조 추진위원회는 이 프로젝트를 준비하면서 설교학자 토머스 롱이 쓴 「예배 전쟁을 넘어서」(Beyond the Worship Wars)[6]라는 책을 함께 읽으며, 예배 공간의 디자인에 대하여 공부하였다. 이 책에서는 예배 공간으로 회중이 모이는 공간, 회중석, 찬양대석, 이동 공간, 설교단, 봉독대, 성찬대를 위한 공간을 언급한다. 토머스 롱에 의하면 예배 공간을 배열하는 기준은 건축 디자인이 중심이 아니라, 모인 회중의 예배 행동이 그 중심이 되어야 한다. 이러한 관점에서 예배 안에는 중심 공간이 있음을 인식해야 하는데, 강대상, 세례대, 성찬대가 바로 그것이다. 이러한 의미에서, 바로 이 예배의 중심적인 공간에서 교인들이 행하는 예배의 행위가 얼마나 의미 있게 드려지는지 확인되어야 한다.[7]

이 교회의 예배당에는 이것이 잘 반영되었다. 설교단, 세례대, 성찬대를 중심으로 회중은 둘러앉는다. 높은 제단은 사라졌고, 찬양대는 낮은 강단 건너편에 위치하게 되었다. 설교단은 더욱 낮아진 단 위로 새롭게 위치하였고, 봉독대과 성찬대가 주변에 위치하였다. 유리로 된 세례대는 물이 나오는 샘과 함께 예배당 중앙 입구에 위치하였고, 회중이 앉는 장의자는 설교단과 성찬대를 향하여 위치하였다. 이러한 배치는 예배 인도자가 회중을 대신해서 홀로 예배를 인도하고 회중은 수동적으로 앉아 있다는 느낌이 없게 하였다. 모든 회중이 강대상과 세례대와 성찬대를 중심으로 모여, 하나의 공동체로서 예전에 참여하고 행동하게 하였다. 본당의 뒤편에는 자리를 차지하던 장의자를 모두 치워 버리고 회중이 모일 수 있는 장소로 만들었다.

:: 텍사스 벨레어에 있는 그리스도 장로교회 본당의 앞모습(Photo by Dan O'keefe)

: : 텍사스 벨레어에 있는 그리스도 장로교회 본당의 뒷모습(Photo by Dan O'keefe)

여기에 예배 장소와 모임 장소를 구분하기 위해 스테인드글라스로 된 패널을 세웠다. 이 패널은 네 개의 면으로 되어 있는데, 이 중 세 면은 브레번 장로교회의 스테인드글라스 창을 그대로 복제하여 사용하였다. 여러 개의 십자가와 다양한 색의 태양빛으로 새롭게 디자인된 스테인드글라스 패널은 이제 이 교회의 새 로고가 되었다. 이러한 예배 공간을 디자인하고 수리하는 과정은 전적으로 협동 작업으로 이루어졌다. 이렇게 예배의 장소를 다시 디자인하면서 200여 명의 회중은 하나가 되었고, 하나님께서 벨레어에서 새롭게 역사하시는 일들을 보게 되었다.

하나님은 누구시며, 우리는 누구인가?

이 책을 통해서 다루는 주요교단들은 예배 공간에 대한 한 가지 공통된 확신을 갖고 있다. 예배 장소는 예배자들에게 세례받은 자들의 공동체로서 그리스도의 몸이 된다는 것이 무엇을 의미하는지에 대한 믿음을 형성해 주고 그것을 표현하는 자리라는 것이다. 미국 안에 있는 복음주의 계열의 루터교는 그 교단의 「예배 원리」에서 예배와 예배 공간의 특징에 대하여 다음과 같이 언급한다.

> 예배는 회중으로 하여금 목회에 참여하도록 이끈다. 예배의 공간이야말로, 세상 안에서 그리스도의 몸으로 부름을 받은 자들이 복음을 선포하고, 이미지와 상징을 통하여 신앙을 가르치며, 복음의 증인으로 자신을 헌신하는 자리이다. 회중이 모여 드리는 예배는 그리스도인의 선교사명을 진정으로 살아 있게 만든다.[8]

그리스도 연합교단의 「예배・예식서」에도 예배 공간과 회중 예배의 관계에 대한 유사한 입장이 적혀 있다.

> 예배드리는 장소의 건축은 그 자체로 메시지를 전달한다. 예배당의 벽과 바닥과 천장도 메시지의 통로가 된다. 이러한 의미에서 예배드리는 공간의 변화는 교인들의 예배 경험에 영향을 준다. 만일 예배당의 형태가 구조적으로 하나님의 복음과 사랑을 드러내지 못할 때 예배 공간에 변화를 주고, 예배에 쓰이는 물건을 재구성하거나 심지어 교체하는 것은 마땅히 하나님의 백성들의 책임이다. 만일 예배 공간 안에서 이러한 일들이 행해

지지 않는다면 그 예배 공간은 회중이 예배로 나아가는 데 장벽이 된다.[9]

예배 공간은 그 너비와 깊이와 높이를 통하여 하나님의 본성에 대하여 무언가 말을 해 준다. 하나님에 대한 우리의 인식이 완전할 수 없기에 예배 공간에 대한 우리의 관심과 연구는 계속되어야 한다. 예배 공간에 대하여 한 가지 발견되는 것은 그 안에 하나님의 초월성과 내재성이 함께 공존한다는 것이다.

> 마치 서로 반대적인 것처럼 보이는 하나님의 초월성과 내재성에 대한 이해가 우리의 신앙적인 전통 안에 깊이 뿌리내려 왔다. 우리는 교회 건물을 세울 때 이러한 하나님의 본성 중 하나, 혹은 양면을 모두 고려한다. 교회당의 크기, 빛, 장식, 구조 등이 바로 하나님에 대한 우리의 인식에 큰 영향을 준다.[10]

우리가 예배 공간을 분석할 때 놓치지 말아야 할 것은 예배 공간이 하나님의 초월성과 내재성, 예를 들면 광대하신 하나님과 친밀하게 만나 주시는 하나님을 모두 함께 드러내 주고 있는가 하는 것이다. 그래서 비언어적인 수단으로써의 건축은 그 자체의 풍성함과 다양성으로 인하여 회중의 눈을 통해 복음을 경험하게 해 준다.

네바다에 있는 스프링스 장로교회처럼 상가건물에 제한적으로 자리를 잡은 예배 공간에서는 하나님의 내재성과 초월성이 모두 드러나기가 쉽지 않을 것이라고 생각할 수도 있다. 그러나 네모난 구조의 건물 안에서 그들은 창조적인 방법으로 공간을 재배치하였다. 예배 공간으로 나아가는 길고 복잡한 복도는 상업적인 분위기를 벗어나 구별된 예배 공간과 환경을 만들어 준다. 예배 공간의 중심에 말씀과 성례를 위한 자리가 마련되어 있고, 예배 안의 장식과 물품은 대부분 수공예로 만들어졌다. 의자는 접이식 의자이며, 벽은 옅은 톤의 다양한 색으로 장식되어 있고, 벽에 걸린 장식품과 배너에는 십자가가 새겨져 있다. 천장은 가운데를 중심으로 약간 둥근 아치형으로 이루어졌다. 이러한 예배 공간은 회중이 예배 안에 임하시는 하나님과의 만남에 관심을 집중하도록 도와준다. 이러한 예배 공간은 그들로 하여금 지금 예배드리는 장소가 상가건물 안이라는 생각을 막아 준다. 이 공간은 회중에게 예배를 위한 공간이 되어, 광대하신 하나님이지만 동시에 친밀하게 임재하시는 하나님을 만나고 인식하는 데 도움을 준다. 또한 예배 공간으로 나아가는 길고 복잡한 복도는 회중 스스로가 예배를 위한 장소와 시간으로 나아가고 있음을 인식하게 해 준다.

　이렇게 의도적으로 만들어진 예배 공간이 회중의 예배 경험과 긴밀한 관계가 있음은 미네소타 세인트클라우드에 있는 베들레헴 루터 교회에서도 발견된다. 이 교회는 도로에서부터 주차장까지 가는 길을 의도적으로 길게 디자인하여 회중이 지금 예배 장소로 가고 있음을 인식하는 데 도움을 준다. 이 교회의 건축위원 중 한 명이었던 베트 라펜벨은 "많은 회중이 그들의 삶에서 깊은 절망을 경험한 상태로 교회에 나옵니다. 그러기에 우리는 의도적으로 입구의 긴 도로에 '평온한 주행'을 할 수 있는 공간을 만들었습니다. 이 길을 운전하며 사람들은 마음의 긴장을 풀고, 예배로 들어감을 경험합니다."라고 말했다.

　예배건축가들은 이와 같은 예배당 입구의 공간들은 하나님의 신비와 광대하심을 모티브로 하여 만들어진다고 말한다. "많은 새로운 예배 공간들은 마치 미로처럼 보이는 길을 통하여 본당으로 들어가도록 만들어지고 있습니다. 최근의 추세는 천장을 높게 하고, 빛은 넓은 자연광으로 하며,

:: 네바다에 있는 스프링스 장로교회 본당의 모습(Photo by Doug Ramseth)

좌석의 구성은 회중으로 하여금 구경꾼이 아니라 적극적인 참여자로 움직이는 데 적합하도록 예배 공간을 만드는 것입니다."[11]

　버지니아 리치몬드에 있는 성 스데반 성공회 교회는 석조건물로, 여러 개의 예배 장소가 있다. 예배당 안의 돌로 세워진 입구와 통로, 강대상과 제단은 각각 하나님의 위대한 영광을 나타낸다. '파머 홀'이라고 불리는 예배실에서는 어린아이들과 그들의 부모님이 참여하는 특별한 예배가 드려진다. 이 예배는 '설명이 함께하는 예배'라고 불리는데, 예배가 진행될 때 각 예배의 순서와 그 의미에 대하여 설명을 제공하기 때문이다.

　이 예배 공간은 비교적 좁으며, 그 안에 성찬대가 있다. 설교단은 회중과 가까이 있고, 설교단의 높이가 회중의 눈높이에 맞추어져 있다. 예배당 입구에 마련되는 환영 장소가 친근하고 자연스러울 때 회중으로 하여금 하나님의 임재를 느끼게 한다. 파머 홀 예배의 담당자인 베시 타이슨은 "이 예배실은 친근해요. 설교와 예배 형식, 예배 인도, 모두 편안해요.

그래서 아이들과 함께 오는 가족들이 예배를 드리기에 참 좋아요. 예배에 들어오면, 마치 작은 공동체가 된 느낌이에요. 여기에는 이삼십 대의 젊은 아빠들이 많이 참석해요."라고 말한다.

이 예배 안에서 아이들은 많은 부분을 담당한다. 성경책을 들고 들어오는 역할부터, 성찬기구를 나르는 것, 성경을 봉독하는 것, 또한 찬양대까지 아이들이 담당한다. 아이들은 직접 예배에 참여하며, 배우고 있다. 베시는 덧붙여 말한다. "부모들은 신앙의 갈증을 느끼고 있습니다. 그들에게는 신앙과 신앙적인 삶에 집중된 무언가가 필요하답니다."

기억과 소망

우리는 과거의 하나님, 현재의 하나님, 미래의 하나님을 예배한다. 그러므로 우리의 예배 공간은 하나님께서 하셨던 역사를 기억하도록 도와야 하며, 예수님의 생애와 죽으심과 부활 안에 약속된 미래를 생생하게 기대하도록 돕는 공간이어야 한다. 우리는 예배를 드리며 이 모든 것을 현재적 사건으로 기린다. 본질상 예배 공간은 우리가 삶의 주기를 통하여 경험해 온 신앙의 여정, 즉 세례, 입교, 결혼, 안수, 장례식 등이 기억되는 자리이다. 더욱 중요한 것은 역사 안에서 신앙 이야기들은 반복되며, 회중은 이 반복되며 반추되는 이야기 안으로 들어가게 된다. 그럼으로써 신앙의 이야기는 우리의 이야기가 된다. 예배 공간은 예배자들의 상상력을 자극하여 앞으로 일어나게 될 믿음의 걸음을 바라보게 한다. 이러한 변혁의 두 가지 통로인 기억과 상상력은 예배자들로 하여금 현재라는 범주를 뛰어넘어 과거와 미래로 들어가도록 돕는다.

리처드 보스코에 따르면, 예배 공간은 과거와 현재와 미래가 공유되는

:: 성 스데반 성공회 교회의 주일예배 예배위원 퇴장 모습(Photo by Sarah Bartenstein)

:: 성 스데반 성공회 교회의 부모와 자녀가 함께 주일예배를 드리는 모습
(Photo by Sarah Bartenstein)

자리로 예배자들을 인도한다. 예배자들은 이러한 경험에 참여하며 믿음의 선진들이 경험한 하나님을 알아 가게 되고, 하나님의 인도하심을 따르게 된다.

신앙 공동체의 이야기들은 예배 공간 안에서 명백하게 발견된다. 이를 위하여 색깔, 빛, 크기, 그림, 대문 등이 활용될 수 있으며, 이러한 경험은 예배자들의 영적 경험에 도움을 준다. 즉, 예배 공간은 오랫동안 전해 내려온 이야기들의 스토리북(storybook)이 되며, 아직도 많은 내용들이 더 적혀야 한다.[12]

예배 공간은 하나님이 누구이신지를 말해 주며, 예배자들을 하나님의 임재로 이끌어 준다. 모든 예배는 창조물을 향한 하나님의 구원계획과 성취를 기대하며, 하나님의 언약된 미래에 참여하는 자리이다. 이 자리에서 우리는 하나님 앞에 서서, 구원받은 백성으로서의 우리 스스로를 기억한다. 이와 연계하여 돈 셀리어스는 다음과 같이 말한다.

하나님의 뜻과 예수 그리스도 안에서의 언약이 이루어지기를 구하는 외침은 모든 기도와 예배의 중심에 있다. 주기도문은 바로 이것을 우리에게 알려 준다. 그 기도로 오늘 하루 우리의 삶 속에 하나님의 다스리심을 구하고, 하나님의 약속 안에서 우리의 구할 것을 구하며, 최종적으로 하나님의 정의와 의가 승리하기를 구하는 것이다. 이것이 바로 "먼저 그의 나라를 구하라."는 말씀의 의미이다.[13]

또한 예배 공간은 우리가 하나님 앞에서 소망의 백성임을 말해 준다. 이에 대하여 길버트 오스딕은 다음과 같이 말한다.

> 예배 공간이 우리에게 말해 주는 것은 우리 모두가 하나님의 말씀에 의하여 부르심을 받은 자들이며, 이 세상을 하나님의 나라로 인도하도록 보내심을 받은 자들이라는 것이다. 예배 공간은 우리가 제자로서 어떤 신앙여정의 스토리를 갖고 있는지 말해 준다. 그 여정 안에서 어떻게 예수님을 만났는지를 말해 주며, 어떻게 다른 사람들에게 주님을 전하도록 부르심을 입었는지 말해 준다. 이때 예배 공간은 우리가 귀로 들을 수 있는 단어(audible words)보다는 좀 더 섬세한 음성(subtle voices)을 통하여 우리가 하나님의 백성임을 깨닫게 해 준다. 우리는 이러한 예배 공간을 만들어 가고, 예배 공간은 다시 우리를 형성해 간다.[14]

인격적 만남의 장소

예배 공간은 예배자들이 예배를 드리기 위한 공간이다. 하나님은 두세 사람이 있는 곳에 함께하겠다고 약속하셨다. 예배 공간은 바로 이러한 약속이 이루어지는 물리적인 공간이며, 하나님과 하나님의 백성이 만나는 자리이다. 이러한 하나님과의 만남의 자리인 예배 공간은 다음과 같은 특징을 갖는다.

첫째, 예배 공간은 하나님의 '환대'(hospitality)를 드러내 준다. 이러한 예배 공간은 사람들이 서로 가까이 있게 하여, 예배를 함께 듣고, 함께 보고, 함께 참여하게 해 준다. 즉, 예배 공간은 사람들이 예배에 참여하도록 돕는다. 예배 인도자나 예배 담당 리더에게 있어서 회중이 예배에 충분히 참여하도록 이끄는 것은 예배 공간적인 관점에서 가장 핵심이 된다.

내가 아는 한 목사님은 자신의 사무실 벽에 다음과 같은 글을 써 놓았다. "가장 중요한 것은 가장 중요한 그것이 가장 중요하도록 지키는 것이다." 이것이 목회에 있어서 정말 사실이라면, 우리는 예배 공간을 중요시 여겨야 한다. 책의 앞부분에서 예배에는 말씀, 성찬, 세례라고 하는 예배

:: 은혜 성공회 교회의 세례대와 장식천(Photo by Carol Robinson)

::은혜 성공회 교회 주일예배 모습(Photo by Carol Robinson)

의 중심이 있다는 말을 하면서, 회중은 반드시 이러한 예배 중심에 잘 참여해야 한다고 말했다. 예배 공간은 바로 말씀과 성례, 그리고 그 둘 사이의 상호관계가 분명하게 드러나도록 해야 한다. 최근에 매사추세츠 뉴튼 코너에 위치한 은혜 성공회 교회의 예배 인도자들과 위원들은 세례대를 화려한 색깔의 덮개로 장식하였다. 세례대의 앞부분을 덮고 있는 천은 흰색과 금색으로 짜여 있어서, 빛을 반사하며 세례를 축하하는 분위기를 낸다. 이러한 세례대를 건물의 입구에 놓아서 회중이 세례식이 있는 주간이든 아니든 세례에 대하여 지속적으로 상기하도록 했다.

둘째, 예배 공간은 교회력에 따라 다양한 필요를 충족시킬 수 있도록 '유연성'이 있어야 한다. 교회력에 따라서 강조점과 집중되는 자리가 다양하기에, 회중의 창조적이고 참여적인 예배를 돕기 위하여 예배 공간이 획일적이어서는 안 되며 유연성을 가져야 한다. 많은 교회들은 이러한 공간 활용을 위하여 앞의 장의자를 빼내기도 한다. 어떤 교회들은 아예 장의자를 모두 접이식 의자로 바꾸기도 한다. 이는 모두 예배 공간의 유연성을 고려한 결과이다.

버지니아 애년데일에 있는 리틀 리버 그리스도 연합교회는 해마다 가을에 있는 세계성찬주일을 연간행사 중 가장 강조하여 지켜 왔다. 이때는 커다란 성찬대를 봉독대 주변에서 예배당 가운데로 옮기고, 접이식 의자는 성찬대를 중심으로 재배열한다. 보통은 예배실 오른쪽에 위치하는 찬양대 역시 방향을 바꾸어 성찬대를 향하게 한다. 이렇게 예배 공간을 유연하게 재배열하는 것은 예배 안에서 활용하는 축하의 장소를 창조적으로 만든다. 다음 장에서 다루겠지만, 이렇듯 예배 공간의 유연성은 회중이 예배에 참여하는 데 도움을 주는 본질적이고 중요한 요소이다.

셋째, 예배 공간은 '아름다움'이라는 특징을 갖는다. 너무나 아름다운 광경을 보며 걸음을 멈추었던 기억이 있는가? 그것은 아름다운 석양, 산에서 바라본 전망 등과 같은 풍경일 수도 있으며, 그림이나 조각품과 같은 건물적인 요소일 수도 있다. 그러나 루터교의 「예배 원리」는 "진정한 아름다움은 하나님의 신비이며, 신앙과 진리를 지켜 온 믿음의 증인들의 삶이다."[15]라고 하였다.

예배 공간의 진정한 아름다움은 예배에 사용되는 기구들의 본래적인 아름다움을 드러내는 것에서부터 시작하여, 그 초점이 점차 창조주 하나님께로 옮겨지는 것이다. 그러나 언제나 예배의 목적은 아름다움이 아니라 그 이상의 것임을 기억해야 한다. 그것은 하나님과 그분의 백성들의 만남에 영감을 불어넣는 것이다.

앞에서 다룬 교회의 예에서 보았듯, 예배 공간을 신중하게 다시 만들어 나가는 것은 교회가 어느 장소에 있든 (심지어 쇼핑몰 한가운데 있을지라도) 아름다움을 창조할 수 있음을 알려 준다.

"좋은 예배 공간이란 회중이 거룩하신 하나님의 임재를 경험하도록 하는 곳이며, 하나님의 온전함과 치유를 느끼게 해 주는 곳이다. 이 공간에서 회중이 하나님의 거룩함을 느낄 때, 그 감정은 단순히 공간이 가지고 있는 가시적인 아름다움을 능히 뛰어넘게 된다."[16]

이러한 의미에서 예배 공간은 그 자체로 메시지가 되며, 선교가 된다. 그러기에 예배 공간은 하나님의 신실하심을 드러내고 예수 그리스도 안에 있는 복음을 선언하도록 디자인되어야 한다. 이러한 일들은 예배 공간이 갖는 특징인 환대와 유연성, 아름다움에 의하여 일어난다.

:: 버지니아 애넌데일에 있는 리틀 리버 그리스도 연합교회의 세계성찬주일 예배 모습
(Photo by Mark Holm)

예배 공간이 갖는 이러한 특징은 하나님과 그분의 백성들이 만나는 장소를 제공하며, 예배하는 이들에게 복음을 드러낸다. 여기에서 일어나는 의사소통은 직접적이라기보다는 간접적이며, 명시적이라기보다는 암묵적이다. 포시 크리스토퍼슨은 다음과 같이 말한다.

"거룩한 공간이든, 세속적인 공간이든 사람은 공간에 의하여 영향을 받는다. 공간은 우리 자신과 신앙을 형성하고, 하나님과 교회에 대한 우리의 이해를 형성한다. 이것은 이성적인 가르침으로 인한 학습이라기보다 우리의 귀에 속삭이는 듯한 음성으로 이루어지는 것이다."[17]

이와 같이 예배 공간과 예배 공간의 형태, 크기, 음향, 조명, 배열이 서로 어떻게 의사소통하는지에 대한 논의는 예배에 관한 대화의 좋은 출발점이 된다. 우리는 이 예배 공간 안에서 볼 수 있고, 만질 수 있고, 움직일 수 있다. 예배에 관한 대화 안에서 예배 공간은 다른 예배 언어들이 서로 작용하며 의사소통을 하는 방법들을 쉽게 이해하도록 돕는다.

다음의 질문들은 예배 공간이 점점 더 하나님과 하나님의 백성들 간의 만남의 장소가 되기를 소망하는 회중과 예배에 대한 대화에 더욱 적극적으로 참여하는 회중을 위해 만들어졌다.

:: 대화를 위한 기준과 질문들 ::

아래에 있는 질문 중 자신의 교회에 중요한 사안들을 두세 개 정도 선택하여 대화를 나누어 보자.

:: 질문들(묘사 – 분석 – 상상 – 적용단계) ::

1. 기준 : 예배 공간은 하나님의 임재를 초대하고 표현하는 장소이다.[18]

   1) 묘사단계 : 하나님의 임재를 암시하는 예배 공간의 특징은 무엇인가?

2) 분석단계 : 어떠한 특징들이 회중으로 하여금 하나님의 임재를 느
      낄 수 있도록 강화하거나 방해하는가?
   3) 상상/적용단계 : 예배 공간을 하나님의 임재를 초대하고 표현하는
      상징적인 공간으로 만들기 위해 무엇을 변화시킬 수 있는가? 혹은
      이를 위한 적용점은 무엇인가?
2. 기준 : 예배 공간은 회중에게 있어서 하나님과의 만남과 그 기억을 회
   상하게 하는 장소이다.
   1) 묘사단계 : 회중이 하나님과의 만남과 그 기억을 회상하도록 돕는
      예배 공간의 특징은 무엇인가?
   2) 분석단계 : 이러한 예배 공간의 특징은 회중으로 하여금 하나님과
      의 만남의 기억들을 어떻게 불러일으켰는가?
   3) 상상/적용단계 : 예배 공간의 어떠한 변화가 회중으로 하여금 하나
      님과의 만남의 기억을 좀 더 강하게 불러일으킬 수 있는가?
3. 기준 : 예배 공간은 소망의 공간이다. 그 공간에서 회중은 이 세상을
   향한 하나님의 구원과 계획을 보게 된다.
   1) 묘사단계 : 회중이 하나님의 구원 계획을 볼 수 있도록 돕는 예배
      공간의 특징은 무엇인가?
   2) 분석단계 : 이러한 특징들은 어떻게 하나님의 구원의 소망을 드러
      내는가?
   3) 상상/적용단계 : 예배 공간이 종말론적 소망을 좀 더 명확하게 드
      러내기 위해서는 어떤 변화가 필요하겠는가?
4. 기준 : 환대의 느낌을 주는 예배 공간은 회중이 예배 공동체로 모이는
   것과 예배드리기에 합당한 공간을 제공한다.[19]
   1) 묘사단계 : 예배 공간의 어떤 특징이 회중이 환대를 느끼도록 해

주는가? 예배 공간 안에 회중이 모이는 공간, 교제하는 공간, 예배 드리는 공간이 각각 제공되는가? 또한 예배 인도자들을 위한 공간들이 제공되는가?

2) 분석단계 : 예배 공간의 어떤 특징이 회중으로 하여금 더 의식적이고 적극적으로 예전에 참여할 수 있도록 도왔는가? 혹은 방해하였는가?

3) 상상/적용단계 : 예배의 어떠한 변화가 회중으로 하여금 예전에 더 깊이 참여할 수 있도록 도울 수 있는가?

5. 기준 : 세례와 성찬과 설교를 위한 공간이 잘 준비된 예배 공간에서 회중은 하나님의 임재에 더욱 집중할 수 있으며, 하나님의 임재를 높이 찬양하게 된다.[20]

1) 묘사단계 : 예배 공간이 집중하고 있는 예배의 중심은 무엇인가? 설교인가? 말씀인가? 세례인가? 성찬인가? 아니면 다른 어떤 것인가?

2) 분석단계 : 예배 공간이 예배의 중심이 되는 것을 회중에게 드러내는 방법은 무엇인가? 성전 기구의 위치, 교체, 조명, 색깔 혹은 다른 어떤 것들이 예배의 중심이 무엇인지를 알려 주고 있는가?

3) 상상/적용단계 : 어떻게 예배 공간의 변화를 주면, 말씀, 설교, 세례, 성찬이 회중의 신앙생활에 중심이 됨을 보여 줄 수 있는가?

6. 기준 : 공간의 유연성과 성전 기구의 유동성은 예배의 다양성을 창조하고, 회중의 예배 참여를 돕는다.[21]

1) 묘사단계 : 유연한 예배 공간의 특징은 무엇인가? 유연하지 않은 예배 공간의 특징은 무엇인가? 성전 기구는 이동이 가능한가?

2) 분석단계 : 무엇이 성전 기구를 이동 가능하게 하는가? 혹은 이동

할 수 없게 하는가?

　　3) 상상/적용단계 : 예배 공간을 좀 더 유연하고, 성전 기구를 좀 더 유동적이게 하는 방법은 무엇이 있는가? 이러한 변화가 회중으로 하여금 더 적극적이고 온전한 예배 참여를 하는 데 어떤 가능성을 제공하는가?

7. 기준 : 예배 공간의 아름다움은 공간 자체의 아름다움이 아니다. 예배 공간의 아름다움이 갖는 유일한 목적은 오직 회중이 예배에 적극적으로 참여하는 것이다.[22]

　　1) 묘사단계 : 예배 공간 안에 아름다운 것은 무엇인가? 혹은 무엇이 아름답지 않은 것인가?

　　2) 분석단계 : 어떠한 아름다움이 회중으로 하여금 예배에 참여하도록 도왔는가? 혹은 방해하였는가?

　　3) 상상/적용단계 : 예배 공간의 어떠한 변화가 예배를 아름답게 함으로 회중이 하나님께 가까이 나아가게 도우며, 하나님을 알게 하며, 하나님께 영광돌리게 할 수 있는가?

미주.

1) D. Foy Christopherson, *A Place of Encounter : Renewing Worship Spaces* (Minneapolis : Augsburg Fortress, 2004), 14.
2) Peter Hammond, *Liturgy and Architecture* (London : Barrie & Rockliff, 1960), 9.
3) Ostdiek, *Catechesis for Liturgy*, 76.
4) Robert Hovda, "It Begins with the Assembly," in *Environment for*

Worship : A Reader, ed. Secretariat, Bishops' Committee on the Liturgy, National Conference of Catholic Bishops and the Center for Pastoral Liturgy, Catholic University of America (Washington, DC : U.S. Catholic Conference, 1980), 37.

5) Ostdiek, Catechesis for Liturgy, 69.
6) Long, Beyond the Worship Wars. 6장.
7) Christopherson, Place of Encounter, 33.
8) Evangelical Lutheran Church in America [ELCA], Principles for Worship (Minneapolis : Augsburg Fortress, 2002), 69.
9) United Church of Christ [UCC], Book of Worship (Cleveland : Local Church Ministries, United Church Press, 2006), 18.
10) Mark A. Torgerson, An Architecture of Immanence : Architecture for Worship and Ministry Today (Grand Rapids : Wm. B. Eerdmans Pub. Co., 2007), 9.
11) Richard S. Vosko, "Introduction," in Architecture for the Gods, by Michael J. Crosbie (New York : Watson-Guptill Pubs., 2000), 8.
12) 위의 책, 9.
13) Saliers, Worship as Theology, 49.
14) Ostdiek, Catechesis for Liturgy, 84.
15) ELCA, Principles for Worship, 91.
16) Ostdiek, Catechesis for Liturgy, 76.
17) Christopherson, Place of Encounter, 53.
18) PC(USA), "Directory for Worship," W-1.3021.
19) ELCA, Principles for Worship, 88.
20) 위의 책, 89.
21) 위의 책, 90.
22) Sara Webb Phillips, "The Role of Artists in Worship," in Worship Matters : A United Methodist Guide to Worship Work, ed. E. Byron Anderson (Nashville, Discipleship Resources, 1999), 1 : 164.

그리스도께서 우리의 모든 죄를 우리의 육체와 함께 취하시고, 성령으로 변화시키셨고, 이제는 그것으로 다시 하나님께 영광돌리게 하셨다. 그러므로 우리는 이제 예술가로서 하나님의 창조 사역에 참여할 수 있게 되었다. 이 사역 안에서, 우리의 예술은 분명 물리적인 작업이지만, 분명 그것을 능히 뛰어넘는 것이 있다. 이러한 작업 안에서 우리의 예술은 은혜의 이미지로 변화된다.[1]

— 윌리엄 다이네스

worship
matters
chapter 04

예배 공간 채우기:
보이지 않는 은혜를 보게 돕는 상징물

　미국장로교 대부분의 교회에서는 고난주간의 목요일과 성금요일에 예배당 내의 장식품, 예를 들면 초나 제대, 배너, 십자가 등을 내리거나 검은 천으로 덮는다. 이를 통하여 우리는 예배 안의 상징물이 예배 언어로서 얼마나 중요한 역할을 하는지 알 수 있다. 또한 우리는 교회력과 그 분위기에 따라서 예배 공간이 어떻게 채워지고 장식되는지 알고 있다. 예배 안의 상징은 다른 예배 언어들과 연관되어 있으며, 무엇보다도 하나님과 하나님의 백성의 만남에 그 핵심이 있다. 우리는 이 장을 통하여 '상징물'이라는 예배 언어가 어떻게 예배의 의도를 전달하며, 어떻게 다른 예배 환경을 창조하는가에 대하여 살펴볼 것이다.

　몇 년 전에 우리 가족은 이탈리아로 가족휴가를 다녀왔다. 그 여정 중에 우리는 '라벤나'라고 하는 곳을 방문했다. 이 도시는 5세기 이후로 그리스도인들이 계속 예배를 드려 온 교회들이 있는 곳이다. 그중 한 교회에 들어서는데, 눈앞에 처음으로 보인 것은 그것의 아름다움이었다. 대부분의 벽에 모자이크가 있었고, 아름다운 문양이 있는 세례대, 제단, 설교단을 보았다. 교회의 창문은 매끄럽고 흰 석고로 되어 있었고, 아름답고 둥근 모양이었다. 이것을 만든 장인, 조각가, 화가, 예술가, 그리고 그 외의 많은 사람들은 분명 최선을 다해 이러한 창조적인 작업을 했을 것이다. 그들의 행위는 하나님께 영광을 돌리려는 것이었으며, 그것은 곧 예배자들을 하나님의 임재 안으로 인도하기 위한 노력이었다. 이러한 역사적인 고대 예배 장소들은 예술과 예배가 본질적으로 동반자임을 말해 준다. 오늘날 상징물은 예배 공간을 강화시켜 준다. 배너, 그림, 조각, 스테인드글라스, 성배, 촛대, 초, 제대, 십자가, 꽃꽂이, 봉헌바구니, 봉헌접시 등이 바로 예배 안에 있는 상징물이다.

  우리는 예배와 상징물 사이의 관계를 위해 지속적으로 관심을 가져야 한다. 이러한 것이 없는 예배 공간은 회중이 예배를 잘못 이해한 채 참여하게 할 위험성이 있기 때문이다. 앞 장에서도 말했지만, 예배 공간은 우리가 하나님과 세상, 그리고 자기 자신에 대하여 보는 관점에 영향을 미친다.[2] 역사가 로빈 젠슨은 다음과 같이 말한다.

    교회 건물의 건축, 스테인드글라스 창문, 오르간 음악, 그리고 꽃꽂이는 평가의 대상이 아니라 당연히 있는 무언가로 여겨진다. 그러나 그것은 분명히 하나님에 대한 우리의 생각과 상상과 예배에 영향을 미친다. 만일 우리가 이것들이 우리의 신앙에 주는 영향력에 대하여 연구한다면, 그동안 우리가 얼마나 이것에 대한 인식 없이 지내 왔는지 알게 될 것이다. 그리고 이것에 대하여 인식하기 시작하는 순간, 우리는 그것을 주의 깊게 평가하거나 분석하지 않을 수 없을 것이다. 우리는 변화를 원하게 될지도 모른다.[3]

우리는 대부분 생활언어와 문자로 적힌 단어들을 통하여 무언가를 '이해'하는 데 익숙해져 있다. 그러나 실제 우리의 생각은 우리가 보고, 듣고, 냄새 맡고, 맛을 보고, 만지는 것들의 이미지를 통해 이루어진다. 우리는 무언가를 알고 있다고 말하기 전에, 감각을 통하여 세상을 경험하고 이해하기 시작한다. 우리는 이러한 생각을 단어를 통해 의사소통하지만 그 이미지는 단어를 통하기보다는 직접적으로 체험하게 된다. 우리는 예배를 드릴 때, 우리를 둘러싸고 있는 이미지와 물건을 주의 깊게 보아야 하는데, 그 이유는 그것이 우리의 의식과 상관없이 우리의 생각과 이해하는 방식에 영향을 주기 때문이다.

오랜 역사 속에서 교회 안의 상징물은 신실하게 사용되기도 했고, 잘못 오용되기도 했으며, 아예 거부당하기도 했다. 예배 안에서 상징물이 거부당한 때는 그것의 영향력을 인정받았을 때였다. 그 상징물이 사람들로 하여금 강한 느낌을 갖게 하고 확신을 주는 역할을 한 것이다.[4] 오늘날의 예배 안에서도 상징물의 중요성이 인식되고 있으며, 더 나아가 좋은 예배의 기준에 포함되고 있다.

"아름다움과 아름다움에 대한 우리의 관심은 하나님이 주시는 거부할 수 없는 은혜"라고 말하는 어거스틴의 말에 우리는 귀를 기울여야 한다. 미(美)에 대한 우리의 인식은 우리가 하나님의 형상으로 창조되었다는 데 뿌리를 둔다. 그 하나님은 근본적으로 아름다우시다.[5] 아름다움에 대한 우리의 관심은 단순히 우리의 즐거움만을 위한 것이 아니다. 자연적인 미와 예술적인 미는 둘 다 우리로 하여금 그 아름다움의 창조자이신 하나님과 더 깊은 수준의 관계를 맺을 것을 요구한다.[6] 이러한 예술작품에 대한 이해, 특별히 예배 안에서의 상징물에 대한 이해는 상당한 관심을 요구한다.

예배는 기독교 공동체가 하나님을 만나는 데 중심이 되는 자리이다. 예배 안에서의 상징물은 이러한 만남을 더욱 강화하기 위한 것이다. 이러한 관점에서 제임스 화이트와 수산 화이트는 "보이지 않는 하나님의 임재를 보이게 하는 것이 바로 예배 안에서의 상징물의 역할"이라고 했다.

예배 안에서 상징물의 목적 중 하나는 우리의 예배가 진지함을 강조하는 것이다. 이것은 단순한 모임이 아니다. 하나님의 백성들이 하나님을 만나는 자리이다. 우리가 가치를 두는 예배는 우리가 제공하는 환경의 수준에 따라서 집중되고 강조된다. 예배 안에서 상징물의 가장 주된 역할은 바로 보이지 않는 하나님의 임재를 보이게 만드는 것이다. 상징물은 우리가 신을 벗고 딛고 있는 땅이 하나님께서 임재하고 계시는 거룩한 땅임을 인식하게 해 준다. 일상적인 물건은 이러한 일을 할 수 없다. 우리가 상징물을 통하여 보려고 하는 것은 하나님의 구체적인 이미지가 아니라, 오직 믿음의 눈으로만 볼 수 있는 하나님의 현존이다. 우리가 믿음의 눈으로 상징물을 볼 때, 그 상징물은 우리가 초월적인 하나님을 볼 수 있게 만드는 통로가 된다. 이는 마치 사랑하는 사람이 실제로 내 눈앞에 없어도 그의 사진을 보며 그가 있는 듯 생각하는 것과 같다. 이때 사진은 하나의 매개체가 된다. 하지만 하나님은 사진과 달리 실제로 현존하신다. 우리는 단순히 이러한 실재를 상기하기만 하면 되며, 상징물은 우리가 하나님의 현존을 볼 수 있게 도와준다.[7]

상징물에 대한 우리의 깊은 관심은 우리의 반응을 이끌어 낸다. 그 반응은 긍정적일 수도 있고 부정적일 수도 있다. 거절의 감정을 일으킬 수도, 매력을 느끼게 할 수도, 흥분을 일으킬 수도, 절망이나 슬픔을 일으킬 수도 있다. 그 변화는 크게 혹은 작게도 일어날 수 있다. 우리의 반응이 어떠하든 여기서 중요한 것은 우리가 하나님과의 만남을 통하여 변한다는 것이다. 그것은 한 번에 끝나는 것이 아니다. 반복적으로 영적 성장이 일어나, 결국 궁극적으로 변화되는 것이다. 최근에는 상징물을 두고, 이것이 기도, 찬양, 묵상과 같은 기독교 예배 행위들과 연계되어 지속적으로 활용되어야 한다고 강조되었다. 우리가 예배와 예배 공간의 아름다움에 참여하는 것은 마치 기독교 예배 행위에 참여하는 것으로 보일 수도 있다. 상징물을 반복적으로 묵상함으로 하나님의 보이지 않는 은혜를 보게 되며, 바로 거기서 영적 성장이 일어나는 것이다.

이처럼 상징물은 개인적인 영적 성장과 관련이 있지만 기독교 예배는 본질적으로 공동체적이다. "예배는 나에 관한 것이 아니라 우리에 관한 것"이라고 말한 한 청소년의 고백처럼, 예배는 그 환경을 통하여 함께 예배하는 회중을 하나의 예배 공동체로 형성해 나간다.

꽤 오래전에 교단 지역모임에 참석한 적이 있다. 이 모임은 언쟁도 있고 긴장도 많아 평판이 별로 좋은 모임이 아니었다. 그런데 나는 그 장소인 예배당에 들어갔을 때 앞에 보이는 이미지 때문에 깜짝 놀랐다. 큰 스테인드글라스 창문이 그곳을 압도하고 있었다. 스테인드글라스의 모양은 겟세마네 동산에서 기도하시는 예수님의 모습과 유사했지만, 돌의 모양은 무릎을 꿇을 수 있는 전형적인 돌이 아니라 몸을 기댈 수 있을 만큼 큰 돌이었다. 이렇게 크고 어두운 돌의 강력한 이미지가 예배실을 압도하고 있었기에, 이 교회 회중의 예배에는 복음의 기쁜 소식보다는 참혹한 십자가의 그늘이 강력한 예배 상징이 되어 온 것이다. 그러기에 이들에게 부활절은 마치 없었던 것처럼 보였다.

나는 이 스테인드글라스 창문과 회중의 영적 성장 간의 관계성을 생각해 보았다. 예배 안에서의 상징물은 단순히 교회 예배위원들의 선호에 따라서 선별되는 것이 아니다. 그것은 교회 공동체 전체를 위해서 존재하며, 교회의 비전을 말해 주고, 확장시켜 주는 역할을 한다.[8] 예배 안의 상징물에 대한 평가와 선별에 대해서는 이 장의 뒷부분에 더 구체적으로 다루고자 한다. 지금은 예배 안의 상징물이 교인들의 예배 경험에 미치는 영향에 대하여 다루고자 한다. 길버트 오스딕은 이러한 상징물을 포함한 예배 준비의 구체적인 과정 자체가 바로 하나님의 백성들을 위한 돌봄의 행위라고 이해한다.[9]

세인트클라우드에 있는 베들레헴 루터 교회는 예배당이 크며, 예배당 안에 많은 상징물이 있어 회중의 예배 경험에 큰 영향을 주고 있다. 이 상징물들은 교회력에 따라서 변화한다. 상징물들은 교회력이 갖고 있는 주제를 잘 드러내 주며, 이를 위해 매주 조금씩 교체되거나 다르게 표현된다.

: : 베들레헴 루터 교회 본당의 앞모습(Photo by Larry Grover)

2장에서 우리는 사인과 상징의 차이점을 살펴보았다. 사인이 단 하나의 의미만을 전달하는 것과는 달리, 상징은 더 깊은 의미를 전달해 주며, 반복된 만남을 통하여 우리가 그 상징이 품고 있는 의미에 가까이 가도록 도와준다. 우리는 감각을 통하여 세상을 알아 가며, 세상 속에 물질을 넘어서 존재하는 실재들을 이해하기 위해서 이미지와 상징에 의존하게 된다.[10]

:: 베들레헴 루터 교회 본당의 앞모습(Photo by Larry Grover)

상징물은 우리가 하나님과 세상, 그리고 우리 자신에 대하여 이해하는 바를 표현하도록 도우며, 우리가 하나님의 임재 앞으로 나아가도록 이끈다. 그러나 우리가 여기서 주의해야 할 것이 있다. 상징은 상징 너머의 무엇인가를 드러내지만, 그것이 완벽한 것은 아니라는 것이다. 상징이 상징 너머의 무언가를 완벽하게 드러낸다고 믿는다면 그것은 우상이 된다. 그러기에 지속적으로 상징에 관한 반추와 묵상이 반드시 필요하며, 이 과정은 회중의 영적 형성을 이끈다.[11]

대부분의 교회에서는 반추와 묵상, 예를 들어 어린이, 청소년 혹은 어른을 대상으로 하는 예배에 관한 대화와 안내가 간과되었다. 그러나 일리노이 파크 리지에 있는 성 누가 루터 교회는 예외다. 이 교회는 천여 명의 회중으로 이루어져 있으며, 지금도 계속 부흥하고 있다. 회중의 대부분이 예배에 적극적으로 참여하며, 예배에 대해 배워 나가고 있다.

이 교회의 예배당은 아름다운 상징물로 가득 차 있다. 스테인드글라스와 벽화는 성경의 이야기나 성인들의 이미지로 채워져 있고, 회중이 직접 만든 배너와 강대상 및 성찬대를 덮는 제대는 교회력을 표현한다. 어린이 예배와 청소년 예배에는 잘 훈련된 예배 인도자들이 있다. (예배 음악에 관해서는 8장에 다루도록 한다.) 상징물은 교회교육을 담당하는 리더들의 적극적인 노력으로 완성되었다.

리더들은 회중이 예배당 안의 상징물에 참여하고, 그것을 이해하며, 반추하고 묵상하도록 돕는다. 이 교회의 교육을 담당하는 디 웨인크와 폴라 베슬러는 예배당 안에 있는 상징에 대하여 가르침으로써 어린이와 청소년이 예배를 잘 준비하며, 적극적으로 참여하도록 돕는다. 입교반에 속한 학생들은 매주 예배의 주제와 상징에 관하여 적는 예배 노트를 가지고 있다. 학생들은 매주 이메일을 통하여 주일학교에서 배운 성경 이야기와 예

:: 베들레헴 루터 교회 본당의 배너와 예배 공간(Photo by Larry Grover)

배의 본문 및 예배 음악이 서로 어떻게 연결되는지 묵상하도록 도움을 받는다. 이것을 보면 적어도 이 교회 안에는 예배 안에 있는 상징물에 대하여 묵상하고, 해석하며, 그 의미를 찾는 과정이 회중의 문화 안에 자연스럽게 들어와 있음을 알 수 있다.

최근의 문화는 보이는 이미지를 중요한 의사소통의 형태로 이해하고 강조해 왔다. 이는 적어도 예배학적 관점에서 매우 의미 있는 일이다. 언젠가 내가 풍성한 상징과 행동으로 드려지는 예배에 참여했을 때의 일이다. 안타깝게도 오직 듣는 것에만 집중하는 교인들이 내 주변에 있었다. 또한 내가 학생들에게 예배를 기획하는 숙제를 냈을 때도, 많은 학생들이 오직 듣는 것에만 집중하여 예배를 기획하는 모습을 보았다. 이와 관련하여, 윌리엄 다이네스는 우리가 예배 안에 상징물을 선별하고 배치하려 할 때, 보이는 상징물과 들리는 말은 대립할 개념이 아니라 서로 조화를 이루어야 할 관계임을 강조한다.

:: 베들레헴 루터 교회 본당의 성찬대와 예배 공간(Photo by author)

그리스도인들은 보이는 상징물에 대하여 들리는 말과 대립되는 개념을 가지면 안 된다. 보이는 것들이 신학적으로 중요하다는 것을 알려 주는 성서적인 배경이 있다. 그것은 하나님께서는 우리를 하나님의 형상에 따라 창조물로 아름답게 만드셨으며, 성육신하셔서 인간의 세상 안에 깊이 들어오셨고, 예수님을 통하여 또한 예수님과 함께 변화의 과정을 시작하셨다는 것이다. 하나님은 구약의 성전과 선지자들의 비전, 오순절의 장면과 밧모섬의 환상 등을 통하여 그리스도인들로 하여금 거룩한 상상력을 활용할 수 있도록 격려해 주신다.[12]

:: 베들레헴 루터 교회 본당의 강대상과 예배 공간(Photo by Larry Grover)

다이네스는 그리스도인이 신선한 통찰력을 얻고, 성경의 이야기를 새롭게 이미지화하기 위해서는 시각적 상상력을 회복해야 한다고 주장한다.[13] 예배는 언제나 다양한 감각적인 형태를 갖고 있으며, 여러 가지 전달 매개체를 갖고 있다. 시각, 청각, 움직임, 냄새, 맛, 터치, 그 이상의 것들이 모두 포함된다. 이에 대하여 돈 셀리어스는 다음과 같이 말한다.

> 우리가 갖고 있는 여러 감각 기관은 놀람, 경이, 진실, 소망과 같은 것들을 발견하는 데 있어 중요하다. 우리의 감각적 능력은 예배의 귀한 통로가 된다. 듣고 보고 만지고 움직이고 냄새를 맡고 맛을 보는 것과 같은 일들은 우리가 예배를 경험하는 데 사용되는 감각이다. 하나님에 대한 지식은 완전히 지적인 것으로만 채워지는 것이 아니기에, 예배는 물리적으로도, 사회적으로도, 문화적으로도 구체화되어야 한다.[14]

신학자들은 시각적인 상상력과 성례적인 상상력이 서로 통합적으로 연계되어 있다고 말한다. 이 둘은 우리로 하여금 세상 속에서 현존하시는

:: 성 누가 루터 교회의 성만찬에 참여하는 회중(Photo by Mike Watson)

하나님을 상상하게 하고, 암울한 현실 대신 계시적인 소망으로서의 세상을 상상하게 해 준다고 말한다.[15] 2장에서 강조했듯이, 인간의 상상력은 하나님의 계시를 발견하기 위한 도구가 된다. 이 상상력은 하나님과 그분의 백성들의 만남에 좋은 시작점이 된다.

테크놀로지, 미디어, 예전적인 상징물

최근 전자 매체는 복음을 더 잘 전달하기 위한 도구로 이해되어 왔다. 지난 수십 년 동안, 많은 교회는 전자 미디어가 주는 시각적인 이미지와 회중의 영적 형성에 깊은 관계가 있음에 관심을 가졌다. 그것들은 우리로 하여금 시각적이고 성례적인 상상력을 자극시키며 예배 안에서의 의사소통을 강화시키고, 책에 적히고 귀에 들리는 말씀을 뛰어넘어 복음을 선포하게 하고 교회의 사명을 감당하게 한다.[16] 실제로 시각적인 미디어는 회중이 예배에 적극적으로 참여하는 데 도움을 준다. 특히 장애인들에게 있어 더욱 그렇다.

하지만 예배 중 사용되는 시각적인 미디어들은 위험요소를 가지고 있다. 예를 들어 화면을 통해 찬양 가사를 띄우는 경우를 생각해 보자. 이때 회중은 고개를 들게 됨으로 종이에 적힌 글씨로부터 자유로워질 수 있다. 그러나 이러한 변화가 방관자적인 자세로 예배에 참석한 이들이 진정한 참여자가 되도록 이끌 수 있는가?

또한 시각적인 미디어를 사용하여 이미지를 활용하는 것은 예배를 자칫 재미 위주로 이끌 수도 있다. 많은 사람들을 예배로 이끌기 위한 것만을 목적으로 시각적인 미디어를 사용한다면 예배의 중심이 재미 위주로 흘러가게 되고, 복음의 내용이 축소될 가능성이 있다.

이러한 방식으로 시각적인 미디어를 사용하는 것이 예배가 세속적인 가치에 오염될 가능성이 있다고 비판하는 이들도 있다. 어떤 이들은 최근 지나치게 미디어에 의존하는 것과 그것의 사용이 복음의 본질을 가릴 수도 있다고 지적한다. 이러한 연구와 반성은 미디어를 예배에서 점점 더 많이 활용할수록 우리가 더욱 세심하고 예리하게 그것을 분석하고 적용해야 할 필요성을 보여 준다.

텍사스 벨레어 그리스도 장로교회는 예배당을 수리하면서 스크린과 프로젝터를 설치하려는 계획을 가지고 있었다. 그러나 이 교회는 이러한 변화들을 회중이 편안하게 받아들일 때까지 멈추기로 했다. 주의 깊은 생각과 계획들이 오갔으며, 장비의 크기나 위치까지도 세밀하게 논의되었다. 그 결과 스크린은 특별한 이벤트가 있을 때만 사용하기로 결정했다.

예배 안에서의 상징물들의 바른 사용

에일린 크롤리는 예배 안에서 시각적인 미디어와 상징물의 사용에 대한 세 가지 기준을 제시하였다. 그것은 곧 적절성, 조화성, 통합성이다. "예배 공동체의 예전, 상호작용, 예배 공간 등과 관련하여 적절하며

:: 그리스도 장로교회의 본당 앞모습과 스크린(Photo by Dan O'Keefe)

(appropriate), 주변 요소들과 조화로우며(fitting), 통합적(integral)일 수 있느냐?"를 질문하고 확인해야 한다.[17] 그렇다면 회중은 미디어와 상징물들이 위와 같은 기준에 맞는지를 어떻게 알 수 있는가? 이를 명확하게 분별하기 위한 기준은 다음과 같다.

첫째, 그 미디어와 상징물이 예배의 본질을 잘 반영하고 있는가? 둘째, 예배를 향한 하나님의 의도를 신학적으로 잘 드러내고 있는가? 셋째, 여기에 사용되는 미디어와 상징물이 과거에는 어떻게 사용되었는가? 넷째, 이 예배 공동체는 어떻게 예배를 표현해 왔는가?

이 책에서 다루고 있는 교단들은 지금 다루고 있는 이러한 문제의 연구를 시작하였고, 회중과 예배 인도자들을 위한 글을 발표하기 시작했다. 장로교 안내책자의 '예술적인 표현들'이라는 주제의 글에는 예배 안의 상징물에 대하여 다음과 같이 적혀 있다.

> 개혁교회 유산 중의 하나는 회중이 하나님께 드리는 봉헌물을 통하여, 그들의 삶에 임하신 하나님의 은혜에 감사하고, 삶의 주인이 하나님이심을 고백하는 것이다. 하나님의 백성들은 예배 공간 안에 있는 건축, 성전 기구, 배너, 음악, 드라마, 언어, 움직임 등의 창조적인 표현을 통하여 이를 표현해 왔다. 이러한 예술적인 상징물들은 우리가 하나님의 임재를 깨닫게 도와준다. 이는 분명 예배에 적합한 것이다. 만약 우리가 하나님의 임재가 아니라 그 상징물 자체나 그것의 미학에 목적을 둘 때 그것은 우상이 된다. 예술적인 표현들은 회중으로 하여금 하나님의 은혜와 실재에 대한 의식을 일깨워 주고, 가르쳐 주고, 강화시켜 주고, 확장시켜 준다.[18]

복음주의 루터 교회는 「예배 원리」에서 이에 관해 좀 더 심도 깊은 설명을 한다. "예술적인 특성을 가진 형태가 예전적 행동을 만났을 때, 그것은 장식물의 개념을 넘어 선포의 도구가 된다. 예전적 상징물은 예배 주제를 강화시키고 명확하게 해 준다."[19]

또한 그리스도 연합교단은 「예배·예식서」에서 다음과 같이 언급했다. "예전적 상징물은 예배자들과 그들의 이웃을 연합하게 하고, 나아가 이들이 하나님께서 구원하시고 언약하신 미래로 나아가도록 해 준다."[20]

이들의 글에서 보듯 예술적인 표현은 그것이 예배의 목적을 온전히 실행하는 데 도움을 줄 때 적합하다고 평가받는다. 그렇다. 예술적인 표현들은 예배의 구체적인 상황을 고려하여 사용될 때 적절한 효과를 거둘 수 있다.

복음주의 루터 교회의 「예배 원리」에 따르면, 예배를 잘 디자인한다는 것은 교회력과 해당하는 그날에 적절한 예전적인 글과 낭독을 연구하는 것에서 시작된다.[21] 교회력에 대하여는 6장에서 더 다루게 될 것이다. 예배 안에서 상징물을 활용할 때는 기본적으로 교회력을 반영해야 한다. 교회력에 따라 시각적인 상징물을 활용하는 것은 회중이 하나님의 구원 이야기 안에 참여하는 데 있어 기대감을 갖게 한다.

2장에서 언급했듯이, 캘리포니아 터스틴에 있는 터스틴 장로교회는 교회력을 나타내기 위해 여러 개의 상징물들을 주의 깊게 사용한다. 새로운 설교단과 봉독대, 세례대와 성찬대에는 예술적이고 상징적인 창조의 작업이 덧입혀진다. 세례대와 성찬대는 팔각형인데, 이것은 창조 후 첫날을 지칭하는 제 팔 일의 창조로써, 그리스도의 부활을 상징한다. 성찬대에는 밀과 포도의 이미지가 수공예로 아름답게 새겨져 있다.

수 커리는 매주 예배를 준비하면서 예배당 안의 상징물에 나타나는 상징적 이미지들을 종종 묵상한다. "설교단과 성찬대와 세례대가 함께 모여

:: 터스틴 장로교회의 설교단과 예배장식(Photo by Helen Anderson)

있는 것을 보고 묵상하는 것만으로도 나의 신앙은 새로워집니다. 이것은 바로 가시적인 은총의 수단으로써의 상징을 말한 칼뱅의 이해와 같은 맥락입니다. 이 세 가지는 서로 분리된 것이 아니라, 서로에게 속하는 관계를 갖습니다."

수년 동안 교회는 교회력에 따라서 제대를 교체해 왔다. 또한 절기에 따라 배너와 꽃장식도 바꾸어 왔다. 이러한 예배 안에서 사용되는 예술적인 표현과 상징은 회중으로 하여금 자신들이 하나님의 임재 앞에 부름 받았음을 상기시켜 준다.

예술적이고 상징적인 표현은 예배자들이 예배에 적극적으로 참여하는 데 도움을 주며, 풍성하고 다감각적인 예배 환경을 제공한다. 우리가 보아 왔듯, 상징물은 우리 가운데 임재하신 하나님을 분별하고 바라보도록 도와준다. 그러나 그리스도 연합교단의 「예배·예식서」는 이렇게 말한다. "상징물들은 너무나 쉽게 오용될 수 있다. 상징물이 드러내는 본질보다는 복음을 담아내는 형태 자체에 관심을 두는 경우가 너무도 많다."[22] 우리는 이러한 경우를 자주 보아 왔다. 상징물을 오직 장식의 목적으로만 둘 때에 우리의 관심은 예쁜 디자인, 재질, 사이즈, 위치 등에 있다.[23] 상징물을 예배를 위하여 사용하고자 한다면 다른 모든 예배 환경과 조화를 이루도록 해야 하며, 이는 예배자들이 예배에 적극적으로 참여하는 데 강화를 주기 위해서임을 잊지 않아야 한다.

미디어의 사용은 신학적이고 심미적인 기준을 고려해야 한다. 미디어를 사용하는 시간, 속도, 리듬, 편집과 구성까지도 다른 예전적 활동과 조화를 이루며 전체적인 예배에 활용되도록 해야 한다. 이것은 어디에서 어떻게 미디어를 활용할 것인가를 고려하는 것까지 포함한다. 예배 공간을 고려하여 스크린의 위치, 간격, 규모 등을 생각해야 하고, 이 배열은 다른 상징물과 함께 고려되어야 한다.

:: 터스틴 장로교회의 절기배너들(Photo by author)

또한 스크린을 통하여 보이는 이미지들이 심미적으로 얼마나 적절한지에 대해서도 고려해야 하며, 예배에 노출되는 시간 역시 고려해야 한다. 예배 안의 다른 상징물과 마찬가지로 스크린에 나오는 이미지들은 예술적인 면을 고려하여 그 색깔, 대조, 일치, 반복 등의 모든 사항을 생각해야 한다. 동영상을 사용할 경우, 그 영상 안에 있는 내용의 리듬, 속도, 시간, 반복, 이야기 전개, 그리고 소리와 침묵의 적절한 조화가 고려되어야 한다.

에일린 크롤리는 다음과 같이 말했다. "사진이나 이미지를 예배 상징물로 사용할 때, 심미적인 감각을 고려하느냐 그렇지 않느냐에 따라서 그것은 중요한 의미를 전달하기도 하고 예배에 방해가 되기도 한다."[24]

:: 터스틴 장로교회의 성찬대(Photo by Helen Anderson)

예전적인 상징물과 회중의 결정

교회에서 많은 시간을 보내는 사람이라면 회중이 무언가를 결정할 때 얼마나 복잡하고 다이내믹한 구조 안에서 행하는지 알 수 있을 것이다. 예배 안에 어떠한 상징물을 사용할지 결정할 때에도 이러한 복잡한 결정 과정이 나타난다. 특수한 상황의 회중일수록 예배 안의 상징물은 그들이 예배에 적극적으로 참여하는 데 도움을 준다.

그렇게 때문에 어떠한 예배 상징물을 사용할 것인가를 논의하는 과정에서는 서두르지 않는 신중하고 충분한 논의와 합의가 있어야 한다. 회중 간의 솔직하고도 열려 있는 대화가 필요하고, 그 안에서 새로운 무언가를 배워야 하며, 무엇보다도 성령님의 인도하심이 있어야 한다. 이러한 논의 안에는 목회자, 회중 리더, 전문직 평신도 등이 포함되어야 한다. 이때 그룹의 멤버들은 다른 이들이 예배 안에 사용되는 새로운 상징물을 창조하거나 평가하는 데 도움을 주어야 한다.

나는 학생들에게 그룹에 있는 이들이 계획하고, 준비하고, 평가하는 이 여정에 외롭지 않도록 해 주어야 함을 늘 강조한다. 예배 안의 상징물을 잘 활용하는 교회를 방문하는 것도 좋은 방법이 된다. 이 가운데 예배 상징물과 관련된 브레인스토밍을 하고, 예배 상징물에 대한 회중교육이 어떻게 이루어지는가를 탐방하며, 실제로 예배에 참여하고, 그 교회의 회중으로부터 상징물을 통하여 예배 안에서 무엇을 경험하는지에 대한 피드백을 받는 것도 좋은 시도이다.

크롤리는 이러한 과정을 '함께 창조해 가기'의 과정이라고 말한다. "이러한 과정과 그룹은 언제나 외부에 개방되어 있어야 해요. 회중 중 누구든 자신이 관심 있어 하는 분야에 참여할 수 있도록 해야 하죠."[25]

역사적으로 볼 때, 교회와 예배 안의 상징물을 분리해서 보았던 오랜 시간이 있었으며, 심지어 상호 비난하던 시간도 있었다. 그러나 이 시간을 거친 후 교회는 예배 상징물에 관련된 전문가들의 협력을 적극적으로 구해 왔고, 서로 간의 풍성한 협력과 열매가 있었다.[26]

포이 크리스토퍼슨은 예배 안에 사용되는 상징물에 대하여 평가하고 분별할 수 있는 세 가지 기준을 제시한다. 이 기준은 신학적 평가, 목회적 평가, 심미적 평가로 구성된다. 첫 번째로 신학적 평가는 그 출발점이 되는데, 말씀을 연구하고, 교단의 관련자료를 참고하며, 각 교회의 회중이 갖고 있는 특수한 전통을 연구하는 것이다. 두 번째로 목회적 평가는 특별히 장애인들이 예배에 잘 참여하도록 돕는가에 그 질문을 둔다. 세 번째로 심미적 평가는 상징물의 디자인, 구성, 내용, 색깔, 크기, 다른 것들과의 균형과 그 사용법을 모두 고려하는 것이다.

신학적 평가(우선적 평가)
　만일 이 상징물을 사용하게 된다면……
　　목회적 평가(두 번째 평가)
　만일 이 상징물을 사용하게 된다면……
　　심미적 평가(세 번째 평가)
　만일 이 상징물을 사용하게 된다면……
　　　실행[27]

이렇듯 예배 안에 상징물을 활용하는 과정은 복잡해 보이고, 심지어 위험해 보이기도 한다. 그러나 이 과정이 주는 보상은 매우 크다. 분명 난관은 있지만, 회중은 주님 안에서 함께 살아간다는 것에 대해 새로운 삶의 패턴을 배우게 된다.

이에 관하여 브라운은 다음과 같이 말한다. "그리스도인의 사랑은 예배 안에서나 삶 속에서 다른 사람들이 소중하게 여기는 것들을 존중할 줄 아는 것이다. 그러나 이것이 다른 사람이 추천하는 모든 것들을 다 받아들여야 한다는 말은 아니다."[28]

여러 노력들로 인하여 구성된 예배 안의 예전적 상징물이 어떠한 결과를 당장 드러내야 하는 것은 아니다. 그러나 이러한 과정을 통하여 우리는 기독교의 가치에 대하여 배우게 되고, 서로를 더 깊이 이해하는 경험을 하게 된다.

예배 언어로서의 상징물은 단어만으로는 표현할 수 없는 방법으로 교회가 예배를 표현하도록 도와주며, 회중이 예배에 더 깊이 참여하도록 이끈다. 그러기에 예배 안에서의 상징물은 더욱 주의 깊게 다루어져야 하며 이에 관한 숙고가 필요하다. 우리가 본 대로 상징물은 우리의 예배를 도울 수도 있고, 망칠 수도 있다.

회중과 리더들이 예배 안에서 사용되는 상징물을 예배 언어로서 더욱 깊이 이해하고 다룰수록, 상징물은 회중이 하나님의 임재를 잘 분별할 수 있도록 도움을 줄 것이다. 이제 우리는 하나님의 영광을 위하여 예배 안의 상징물로 말하게 하여야 한다.

:: 대화를 위한 기준과 질문들 ::

아래에 있는 질문 중 자신의 교회에 중요한 사안들을 두세 개 정도 선택하여 대화를 나누어 보자.

:: **질문들(묘사 – 분석 – 상상 – 적용단계)** ::

1. 기준 : 예전에 사용되는 기구들은 예배자들로 하여금 보이지 않는 것을 보이게 하여 하나님의 임재를 깨닫게 도와준다. 상징물이 단순히 장식으로만 사용될 때 도리어 복음은 가려진다.

    1) 묘사단계 : 예배 안에서 상징물은 어떻게 사용되는가?

    2) 분석단계 : 예배에 사용되는 물건들의 어떤 특징이 회중으로 하여금 하나님의 임재를 깨닫게 도왔으며, 복음을 선포하도록 도왔는가? 혹은 방해하였는가?

    3) 상상/적용단계 : 어떠한 변화가 회중으로 하여금 예배에 사용되는 상징물을 통하여 하나님의 임재를 더욱 잘 인식하도록 도울 수 있는가?

2. 기준 : 예전에 사용되는 상징물은 회중으로 하여금 이웃과의 연합을 향한 하나님의 뜻을 발견하도록 도와주며 강화시킨다.[29]

    1) 묘사단계 : 예배에 사용된 상징물의 어떠한 요소가 회중으로 하여금 이웃과의 연합을 불러일으켰는가?

    2) 분석단계 : 예배에 사용된 상징물의 어떠한 특징이 회중으로 하여금 이웃과의 연합을 불러일으켰는가? 혹은 이웃과의 단절을 강화시켰는가?

    3) 상상/적용단계 : 어떻게 하면 예배에 사용되는 상징물로 인하여 회중이 그들의 이웃들과 나눔의 삶을 더욱 깊고 넓게 살아갈 수 있는가?

3. 기준 : 예배 안의 상징물은 회중이 아름다움의 묵상을 하게 하여, 하나님의 창조와 이 세상을 다시 보게 한다. 이러한 묵상은 회중에게 윤리적인 암시를 주어, 그들이 더욱 아름다운 삶을 살아가게 돕는다.

    1) 묘사단계 : 예배 안의 상징물이 회중으로 하여금 윤리적인 행동을 돌아보도록 하였는가?

2) 분석단계 : 어떻게 예배 안의 상징물이 회중으로 하여금 윤리적인 명령과 윤리적인 삶을 살도록 격려하는가?

3) 상상/적용단계 : 어떠한 예배 환경의 변화가 회중으로 하여금 좀 더 윤리적인 명령과 삶으로 나아갈 수 있게 하는가?

4. 기준 : 예전에 사용되는 물건들은 회중으로 하여금 말씀과 성례전에 참여하는 것을 더욱 풍성하게 한다.[30]

1) 묘사단계 : 예배 안에서 말씀과 성례전에 관련된 기구들을 어떻게 사용하는가?

2) 분석단계 : 어떻게 예배 안에 사용된 기구들이 회중으로 하여금 말씀과 성례전에 적극 참여하도록 도왔는가? 혹은 방해하는가?

3) 상상/적용단계 : 어떠한 변화가 회중으로 하여금 예배에 사용되는 물건들을 통하여 말씀과 성례전에 더욱 적극적으로 참여하게 도울 수 있는가?

5. 기준 : 예전에 사용되는 상징물은 회중으로 하여금 각 예전의 주제와 절기에 집중하도록 도와준다.[31]

1) 묘사단계 : 예전에 사용된 상징물이 각 예전의 주제 및 절기와 관련하여 어떻게 사용되었는가?

2) 분석단계 : 어떻게 예전에 사용된 상징물이 예전의 주제를 잘 드러내었는가? 혹은 방해하였는가?

3) 상상/적용단계 : 어떻게 하면 회중으로 하여금 예배에 사용되는 상징물을 통하여 특정한 예전의 절기와 주제들을 더욱 잘 드러내도록 도울 수 있는가?

6. 기준 : 예배에 사용되는 상징물은 각 회중의 사회적이고 문화적이고 역사적인 상황에 적합하게 사용되어야 한다.

1) 묘사단계 : 예배에 사용되는 상징물과 환경이 회중의 삶의 정황을 반영했는가?
   2) 분석단계 : 예배에 사용되는 상징물과 환경의 어떠한 특징이 회중의 삶의 구체적인 정황을 잘 반영해 주었는가? 혹은 반영하지 못하게 하였는가?
   3) 상상/적용단계 : 어떻게 하면 예배에 사용되는 상징물과 환경이 회중의 삶의 구체적인 정황을 더욱 잘 반영하게 할 수 있는가?
7. 기준 : 예배 안에 사용되는 상징물은 좋은 재질로 잘 디자인되어 회중의 예배 참여에 도움이 되어야 한다.
   1) 묘사단계 : 예배 안에 사용된 상징물은 미학적인 관점에서 볼 때 아름답게 활용되었는가?
   2) 분석단계 : 상징물의 어떠한 미학적인 특징이 회중으로 하여금 예배에 잘 참여하도록 도왔는가? 혹은 방해하였는가?
   3) 상상/적용단계 : 어떠한 예배 환경의 변화가 회중으로 하여금 신학적·목회적으로 더욱 합당한 예배를 드리도록 도울 수 있는가?
8. 기준 : 예배 안에 있는 미디어를 효과적으로 활용하기 위해서는, 각 기기를 적당한 자리에 배치해야 한다. 또한 그 미디어를 통해서 전달되는 내용이 잘 편집되고, 구성되어야 한다.
   1) 묘사단계 : 예배 안에서 미디어는 어떻게 사용되었는가?
   2) 분석단계 : 어떻게 미디어 기술이 회중의 예배를 지원하고 강화시켰는가? 혹은 어떻게 미디어 기술이 예배의 본질적인 목적을 억제하거나 방해하였는가?
   3) 상상/적용단계 : 예배의 본질을 고려할 때, 예배 안에서 가능한 미디어 기술 사용의 변화는 무엇이 있는가?

미주.

1) William A. Dyrness, *Visual Faith : Art, Theology, and Worship in Dialogue* (Grand Rapids : Baker Academic, 2001), 94.
2) Robin M. Jensen, *The Substance of Things Seen : Art, Faith, and the Christian Community* (Grand Rapids : Wm. B. Eerdmans Pub. Co., 2004).
3) 위의 책, 2.
4) Thomas Matthews, *The Clash of the Gods : A Reinterpretation of Early Christian Art* (Princeton, NJ : Princeton University Press, 1993), 11 ; cited in William A. Dyrness, *Reformed Theology and Visual Culture : The Protestant Imagination from Calvin to Edwards* (New York : Cambridge University Press, 2004), 301.
5) Jensen, *Substance of Things Seen*, 8.
6) 위의 책, 8-9.
7) James F. White and Susan J. White, *Church Architecture : Building and Renovating for Christian Worship* (Nashville : Abingdon Press, 1988), 155-157.
8) Jensen, *Substance of Things Seen*, 133.
9) Ostdiek, *Catechesis for Liturgy*, 49.
10) Dupré, *Symbols of the Sacred*, 3.
11) 위의 책.
12) Dyrness, *Visual Faith*, 156.
13) 위의 책.
14) Don E. Saliers, *Worship Come to Its Senses* (Nashville : Abingdon Press, 1996), 14-15.
15) Andrew M. Greeley, *The Catholic Myth : The Behavior and Beliefs of American Catholics* (New York : Scribner, 1990), 4 ; cited in Eileen D. Crowley, *Liturgical Art for a Media Culture* (Collegeville, MN : Liturgical Press, 2007), 52.

16) For a more thorough exploration of these issues, see Crowley, *Liturgical Art*, 37–58, on which this section depends.
17) 위의 책, 78.
18) PC(USA), "Directory for Worship," W-1.3034.
19) ELCA, *Principles for Worship*, 72.
20) UCC, *Book of Worship*, 19.
21) ELCA, *Principles for Worship*, 73.
22) UCC, *Book of Worship*, 18.
23) National Council of Catholic Bishops, *Environment and Art in Catholic Worship* (Washington, DC : U.S. Catholic Conference, 1978). 로마가톨릭교회는 복음을 흐리게 만들 수 있는 것들에 대한 규정을 '사소함, 거짓, 속이기, 불투명함, 피상'으로 표현한다. 예를 들어, 로마가톨릭교회는 결혼예식에 인조꽃을 사용하지 못하게 한다.
24) Crowley, *Liturgical Art for a Media Culture*, 80.
25) 위의 책, 93. For detailed suggestions for media ministries, see her chapter "Frameworks for Evaluation of Media in Worship," 59–88.
26) Hovda, "It Begins with the Assembly," 39. 호브다는 그의 아티클에서 "우리는 교회로서 그동안 오랫동안 멀리했던 예술분야를 다시 돌려놓기를 부단히 노력해야 한다."라고 언급하였다.
27) Christopherson, *Place of Encounter*, 67.
28) Frank Burch Brown, *Good Taste, Bad Taste, and Christian Taste : Aesthetics in Religious Life* (New York : Oxford University Press, 2000), 250–251.
29) UCC, *Book of Worship*, "Introduction," 16.
30) ELCA, *Principles for Worship*, 72.
31) 위의 책.

몸은 영혼이 거하는 곳으로, 예수님이 임재하시는 원초적인 성례의 자리이다. 예배자들은 제스처와 행위를 통하여 온전히 창조주 하나님을 찬양한다. 이는 우리가 새 하늘과 새 땅에서 경험하게 될 천상에서의 전인격적 예배로 나아가는 방법이 된다.[1]

─크레이그 더글라스 에릭슨

worship matters
chapter 05

예배를 표현하기: 예배 안에서 우리 몸의 사용

언어학 개론 수업에서 우리는 손과 팔을 사용하지 않고 의사소통하는 연습을 하곤 한다. 이는 우리가 의사소통을 위해 얼마나 몸을 사용하고, 제스처를 취하는지 돌아보기 위함이다. 교회에서 우리가 하는 제스처는 즉흥적일 때도 있지만, 매번 해 왔던 것이기에 하기도 한다. 여기서의 핵심은 몸은 귀에 들리는 말을 뛰어넘어 이미 의사소통을 하고 있다는 것이며, 하나님께 찬양하고 회개하고 고백하고 예배하는 데 도움을 준다는 것이다.

이 장에서 우리는 움직임과 제스처가 갖는 상징적인 언어에 대하여 살펴볼 것이며, 이것이 어떻게 예배를 돕는지 살펴볼 것이다.

나는 종종 커피테이블 책(역자주: 사진과 그림이 많이 실린 책으로, 꼼꼼히 읽기보다는 대충 넘기면서 보는 책)을 읽는데, 이 책에는 시선을 끄는 많은 사진과 아름다운 건물의 평면도가 실려 있다. 몇몇 책은 오래된 역사를 갖고 있는 교회를 싣고 있고, 몇몇 책은 현대교회의 건물을 싣고 있다. 또 다른 책은 세계 종교 전통의 예배 장소를 다루고 있다. 여기에서 내가 눈여겨본 것은 이 책 안에는 예배드리는 예배자들을 담은 사진이 별로 없다는 것이다. 내가 보기에 예배자가 없는 예배 장소는 그 자체로 불완전하다. 예배 장소가 아무리 크든 작든, 아름답든 그렇지 않든, 광대하든 그렇지 않든, 예배 장소는 그곳에 모이는 회중과 그들의 참여 없이는 불완전하다.[2] 예배는 멈추어 있는 명사이기보다 움직이는 동사이다. 성례도 마찬가지다. 예배는 우리의 목소리나 영으로만 드리는 것이 아니라 우리의 온전한 몸 전체로 드리는 것이다.[3] 예배는 말과 함께 드리는 행동이다.[4]

예배 안에 있는 행동과 선포 사이의 관계에 대해서는 다음 장에 좀 더 자세히 다룰 것이다. 이 장에서는 주로 예배 장소에서 그동안 간과되었던 예배의 중요한 단면에 집중하고자 한다. 그것은 예배를 예배 되게 하는 구체화된 제스처와 행동이다.

예배에서 사용되는 행동과 제스처는 모두 기능적이면서 동시에 상징적이다. 그것은 한 장소에서 다른 장소로 가는 단순한 움직임을 포함하기도 하고, 십자가를 들고 행진하거나 이마에 성호를 긋는 것과 같은 심오하고 상징적인 행동을 포함하기도 한다. 이러한 것이 바로 교회가 사용하는 몸의 언어이다.[5] 이에 관련하여 미국에 있는 복음주의 루터 교회의 「예배 원리」는 다음과 같이 말한다.

> 제스처, 예전적 움직임, 춤과 같은 예배 안에서의 행동들은 예배의 중요한 요소들이다. 이러한 비언어적 요소들은 가끔씩 그 자체로 강력한 메시지가 되고, 그것이 동반하는 언어들을 지지하기도 하며, 강화시켜 주기도 한다.[6]

환영의 제스처, 기도의 자세, 축복의 표시, 평화의 키스, 예전적 행렬 등과 같은 예배 안에서의 행동은 말과 함께 동반되는 복잡한 행위다. 이러한 행동은 회중으로 하여금 그 행동이 가리키는 신앙의 주된 신비에 참여하게 도와준다. 예전적인 행동과 제스처는 하나님의 자기 주심의 실제에 참여하게 한다. 특별히 물로 몸이 씻겨지는 세례와 빵이 나누어지고 잔이 부어지며, 모두가 함께 먹는 성찬식과 같은 성례의 자리에서 우리는 축복의 사인을 분명히 볼 수 있고, 하나님께서 우리와 가까이 계시며 돌보심을 알 수 있다.

최근 미국에 있는 복음주의 루터 교회는 1978년에 나온 옛 루터교「예배 원리」를 2006년에 나온 새로운 루터교「예배 원리」로 교체하였다. 버지니아 리치몬드에 있는 그리스도 루터 교회의 회중은 다른 루터 교단의 회중처럼 이 새로운 루터교「예배 원리」를 예배에 적용하기 위해서 많은 시간을 들였다.

지난 약 30년간 녹색 표지로 된「예배 원리」는 루터교 회중에게 절대적인 예배 모형을 제공하였기에, 붉은색 표지의 새로운「예배 원리」가 회중의 삶과 예배에 적용되는 것에는 시간이 필요했다. 그럼에도 회중은 새로운 책에서 제시하는 풍성한 예배에 관하여 강력한 열망을 가지고 있었다. 수개월 동안 새로 바뀐 예배 음악에 관해 이것을 활용하였으며, 예배에 관한 새로운 시도를 하였다. 이러한 과정 가운데 회중은 과거 녹색 표지로 된「예배 원리」에 있는 찬양과 기도, 예배 환경을 통하여 형성된 추억에 관해 나누었다. 이 책을 마지막으로 사용한 주일예배에서 회중은 그 녹색 표지의 책을 들고 나가도록 안내받았다. 대부분의 회중은 옆구리에 책을 끼고 예배당을 나왔다.

그 다음주에는 회중 찬양집을 꽂아 놓는 곳이 비어 있었고, 대신 새로

:: 그리스도 루터 교회 탁자 위에 쌓여 있는 「예배 원리」(Photo by author)

운 붉은색 「예배 원리」가 회중을 맞이하였다. 이 책들은 교회 안, 만남의 장소에 있는 탁자 위에 쌓여 있었다.

　에릭 모링 목사님과 예배위원들은 예배당에 입장할 때 새로운 「예배 원리」를 들고 왔다. 이렇게 이전의 「예배 원리」를 내보내고, 새로운 「예배 원리」를 가지고 들어오게 한 행동을 통해 이전의 「예배 원리」에 익숙한 회중은 그것과 작별하였다. 즉, 그들은 새로운 「예배 원리」를 들고 들어 옴으로 새로운 예배 예식을 마음에 받아들임을 표현한 것이다

　나와 함께 신학교에서 일했던 로날드 바이어스는 도심지에 위치한 동방 정교회의 한 회중을 교회의 저녁 기도회에 초대한 적이 있다. 바이어스는 이렇게 말했다. "그는 예배당에 들어가 성찬대로 갔다. 그는 은혜를 느끼며 천천히 성찬의 자리에 대해 존경을 표시했다. 그는 이 성찬의 자리에서 어떤 불편함도 없이 회중 가운데 임하신 예수님의 현존을 상징적으로 표현

한 성찬 음식들을 존귀하게 여기고 있음을 표현한 것이다. 나는 이 모습이 참 부러웠다. 그는 마음뿐 아니라 몸을 통하여 예배함으로 참 자유를 누리고 있었다."[7] 그리고 그는 몸과 영 사이에 있는 상호보완적이고 신비적인 관계를 지속적으로 연구하였다.

하나님의 말씀은 이러한 심오한 신비를 탐구하도록 해 준다. 창세기의 창조 이야기를 보라. 혼돈 이후에 질서가 잡혔고, 물질적인 세계가 창조되었다. 하나님은 세상을 선하게 창조하셨다. 하나님의 선하심에 대한 선언과 예배 안에서 우리 몸이 사용되어야 한다. 캐서린 스파크는 이와 관련하여 다음과 같이 말한다.

> 구약성경을 보면 인간은 세부적으로 나뉘고 분리되는 존재가 아니다. 창세기 2장에 보면, 하나님이 흙으로 사람을 지으시고, 그 코에 생기를 불어넣으시자, 비로소 생령이 되었다. "인간이 영혼을 소유한다기보다는 인간 자체가 살아 있는 영혼이다. …… 인간이 근육을 소유한다기보다는 인간 자체가 근육으로 이루어져 있다. 구약성경과 신약성경은 모두 다 인간을 영과 육이 분리된 존재로 보지 않고, 영과 육이 하나로 통합된 존재임에 동의한다. 히브리적 개념에서 볼 때 영과 육은 그 자체로 일치되었다기보다는 그 영이 체현화된 육체가 남자 혹은 여자로 존재하는 것이다."[8]

그러기에 인간에게 있어서 몸과 영혼, 내적인 묵상과 외적인 표현의 관계는 상하체계라기보다는 상호보완적이고, 공동체적이다. 2장에서 우리는 삼위일체 하나님 안에서의 공동체적 춤이나 놀이에 대하여 언급한 적이 있다. 이러한 춤이나 놀이 역시 우리의 몸과 영혼이 함께 그것에 참여하는 것을 전제로 한다. 살아 있는 영혼을 가진 우리의 몸이 참여함으로

써 영혼이 춤으로 표현되는 것이다.

하나님의 선하신 창조를 믿는 기독교 신앙이 붙들고 있는 핵심신념 중의 하나는 하나님께서 예수님의 성육신을 통하여 창조물인 인간을 구원하셨다는 것이다.

"성육신을 통하여 하나님은 인간이 되셨고, 우리를 구원하시기 위해서 인간의 몸으로 나타나셨다. 성육신을 통하여 하나님은 우리의 연약함으로 들어오셨고, 우리를 위해서 낮아지셨다. 그것을 통해 마침내 우리는 하나님과 하나를 이루며 회복을 얻게 되었다."[9]

하나님은 인간의 몸을 포함한 창조 세상을 이용하셔서 예배와 성례 안에서 새로운 창조를 보여 주신다. 성령님의 능력으로 교회는 세상 속에서 그리스도의 몸이 되며, 세상 모든 곳에서 그리스도의 사랑과 정의를 실천하도록 부름받았다. 성만찬 감사기도의 마지막에는 다음과 같이 고백한다.

> 은혜의 하나님,
> 성령님을 우리에게 부어 주시고,
> 우리가 나누는 이 빵과
> 우리가 감사하는 이 잔 위에도 임하여 주셔서,
> 그리스도의 몸과 피가 교통하도록 해 주시기 원합니다.
> 성령님, 우리를 그리스도와 하나 되게 하옵소서.
> 이 성찬의 잔치에 참여하는 우리 모두가 하나 되게 하시사,
> 모든 곳에서 섬기는 사역과 연합하게 하옵소서.
> 이 빵이 우리를 위한 그리스도의 몸인 것처럼,
> 우리가 세상 속에서 그리스도의 몸이 되도록 보내 주옵소서.[10]

:: 성 스데반 성공회 교회의 주일저녁 켈틱 예배 모습
(Photo by Sarah Bartenstein)

이러한 성서적이고 신학적인 기도문들은 우리가 온 맘과 온몸을 다하여 살아 계신 하나님께 예배드려야 하는 예배 공동체임을 다시금 상기시켜 준다.

성 스데반 성공회 교회의 주일 저녁 켈틱 찬양에는 예전적인 행동이 있다. 이러한 묵상중심적 예배에는 사색적인 음악과 양초가 풍성하게 활용된다.

이 예배를 담당하는 예배 인도자나 목회자들은 예배가 시작되기 한 시간 전에는 모든 것이 순서대로 잘 준비되었는지 확인한다. 적어도 예배 시작 15분 전에는 예배를 위한 각 위치를 본당 안에서 확인한다. 회중은 본당에 들어올 때면 준비된 침묵의 분위기 속으로 들어오게 된다. 게리 존슨 목사와 위지 블랜차드 목사는 "우리는 회중이 예배로 들어가는 환경을 준비하는 것입니다."라고 말한다. 여기서 예배로 들어가는 환경이라는 것은 회중이 예배당 안에서 침묵하고, 기도하며, 예배에 사용되는 초에 불을 켜는 것을 포함한다.

예배의 후반부에 회중은 그리스도의 몸으로서 함께 성찬에 참여하기 위해 성찬대 앞으로 나아온다. 이때 많은 회중이 예배당 앞에 있는 목회자에게 찾아가 치유기도를 받는다. 목회자는 회중의 어깨에 손을 얹고 그들이 갖고 있는 문제들을 놓고 함께 기도한다. 이렇게 몸이 참여하는 기도는 단순한 말보다 더욱 강력한 기도의 언어가 된다. 이것이 바로 체현된 영성의 좋은 예다.

우리는 체현된 영성이 생각과 앎의 영성이라기보다는 행함과 존재의 영성임을 말해 왔다. 이것은 생각과 앎의 영성이 다른 것으로 대체되어야 한다는 의미가 아니라, 영성의 인식이 확장되어야 함을 말하는 것이다. 몸으로 표현된 영적 예배 행위들은 일종의 '근육기억'(muscle memory)이

∷ 성 스데반 성공회 교회의 주일 저녁예배에 사용되는 초로, 회중의 침묵과 기도에 활용된다. (Photo by Sarah Bartenstein)

되는 것이다. 그래서 몸으로 표현된 예배 행위들은 우리가 하나님 앞으로 나아갈 때 더욱 힘을 얻게 해 준다. 우리는 그렇게 몸으로 표현되는 예배 행위들이 우리의 생각과 앎에 대하여 말하는 것을 들어야 한다.[11] 동시에 우리는 그러한 근육기억과 낡아빠진 형식적 예배 행위 사이의 균형을 잘 잡아야 한다.

체현된 예배는 적어도 두 가지 목적을 갖는다. 첫 번째 목적은 소통이다. 세상 속에서 그리스도의 증인으로 살아가는 회중은 사인-행동(sign-action) ― 예배 안에서의 행동과 언어의 상징적 조화 ― 을 통하여 세상 속에서 자신들이 누구이며 기독교 신앙의 핵심이 무엇인지 드러낸다. 예배 안에서 우리가 고백하는 언어들은 우리가 함께 행하는 행위와 연합하여 의미를 드러낸다.

돈 셀리어스는 이렇게 말한다. "복을 구하거나, 기름을 붓거나, 세례를 주거나, 평화의 인사를 나누는 등 신약성경에 나온 예배 행위들은 말과 행위가 함께 연합된 것으로, 이것은 하나님의 은혜에 관한 강력한 사인이 된다."[12] 이러한 사인-행동들은 말과 행동이 함께 연합됨을 통해 예배 안에서 회개, 회복, 용서, 소망 등을 구체화한다. 그러기에 예배 안에서 단어들은 우리의 행동과 터치를 요구한다. 기독교의 사인-행동에서 특히 성례전은 하나님의 은혜를 흘려보낸다. 예배 안에서 단어와 상징물, 회중의 구체적인 제스처가 풍성하게 연합하였을 때, 사인-행동은 강력한 상징이 되는데, 이 상징은 단순히 하나님의 임재와 행위를 드러내는 것뿐 아니라 하나님의 임재에 참여함을 경험하게 한다. 게다가 이 사인-행동은 회중이 하나님의 생명에 참여하도록 돕는다. "그래서 예수 그리스도 안에 드러난 하나님의 풍성함과 기독교 전통으로부터 내려온 예배 행위들은 그 행위 자체를 뛰어넘는 것이며, 더 나아가 하나님의 실존에 참여하는 것이다."[13]

예배 안에서 사인-행동의 두 번째 목적은 첫 번째 목적과 연결된다. 즉, 우리는 사인-행동을 통하여 삼위일체 하나님의 생명으로 인도받으며 내적인 변화를 경험하게 된다. 우리는 이러한 예배 행위에 참여하며 구원받았음을 경험하며, 하나님과 화해하고, 신앙 안에서 강해지며, 소명을 확인하게 된다. 몸과 영의 신비한 상호협력을 통하여 우리는 영적으로 자라나 하나님을 찬양하는 공동체의 온전함에 참여하게 되고, 세상 속에서 교회가 갖는 사명을 감당하게 된다. 많은 교회들은 내적인 여정과 외적인 여정을 함께 경험한다. 이 두 여정은 결코 분리할 수 없는 여정으로, 그리스도의 이미지로 만들어지는 내적인 여정과 세상 안에서 그리스도인들이 참여해야 하는 긍휼사역의 외적인 여정이 함께 간다. 예배가 바로 이 두 여정의 상호보완적인 면을 나타낼 때, 예배와 선교 사이의 관계는 분명해진다.

예배의 사인-행동 용어들

성경읽기, 세례, 그리고 성만찬은 바로 기독교 예배의 본질적인 사인-행동이다. 말씀을 읽는 행위 안에서, 세례를 통해 새로운 그리스도인이 세워지는 자리 안에서, 함께 빵과 잔을 나누는 행위 안에서 교회는 그리스도를 향해 나아간다.

미국장로교단은 최근 출간한 「그리스도로의 초대 : 성례전 가이드북」을 통하여 이러한 것들을 예배 안에 새롭게 받아들이고 있다.[14] 나는 이 책을 만들고 연구하는 그룹에 속하여 삼 년을 기도하면서 성경과 교회, 예전의 역사를 연구하였으며, 함께 예배를 드렸다. 이 과정을 통하여 성례전에 참여하기 위한 지침을 세우는 작업을 학문적으로, 실천적으로 준비하고 시행했다. 이를 통해 성례전에 참여하는 회중에게 권면하는 예전 행위에 관한 실제적인 행동지침을 제안하였다. 그 권면은 다음과 같다.

1. 세례대는 회중이 모두 볼 수 있는 자리에 놓아야 한다.
2. 매 주일, 세례대의 뚜껑을 열고 물을 채워야 한다.
3. 매 주일, 성찬대의 성반(聖盤)과 성배(聖杯)가 진열되어야 한다.
4. 매 주일, 세례대와 성찬대가 예배 안에서 적절히 활용되어야 한다.
5. 성만찬을 행하는 주일의 횟수를 늘려야 한다.

이 외의 성례에 관한 실천은 각 회중이 경험을 통해 합당한 모형을 찾아가도록 권면하였다. 세례대의 물은 우리로 하여금 세례가 주는 신앙인으로서의 정체성을 상기하게 한다. 세례 안에서 우리는 깨끗해지고 그리스도께 속한 자가 됨을 경험한다. 교회에서 세례식을 거행할 때마다 회중은 하나님께서 그분의 생명을 우리에게 주시는 은혜를 경험하며 새로워진다. 성찬식에서 우리는 빵과 잔을 나누며 부활하신 그리스도와 연합하고 세상 속에서 그리스도의 몸이 됨을 경험한다. 우리는 매 주일마다 성반과 성배가 성찬대에 진열되어 있는 것을 봄으로 하늘양식에 대한 갈급함과 목마름이 생기며, 또한 우리가 좀 더 자주 그리스도와 연합되어야 함을 상기하게 된다.

「그리스도로의 초대」의 권면대로 예전 행위를 하면, 회중은 교단에서 지원하는 웹사이트를 통해 다른 이와 세례와 성찬을 나눌 수 있다. 이러한 예배 실천은 회중이 보다 예배에 깊이 참여하도록 돕는다는 평가를 받는다. 이러한 교회의 중심적인 행위, 즉 세례와 성찬을 통하여 회중은 세례받은 자들의 공동체가 무엇을 의미하는지 몸을 통하여 배워 가게 된다.

예배 안에서 제스처와 사인-행동은 말씀과 기독교 전통으로부터 나온 풍성한 유산이며, 하나님께 반응하여 나온 자연스러운 행위다. 하지만 세례와 성찬이 단순히 사인-행동이라고 이해되기에는 부족하다. 세례와 성찬을 포함하여 예배는 시작부터 마지막까지 사인-행동의 연속으로 이해되어야 한다.

예배의 시작은 환영의 사인으로 시작한다. "(예배 안에서) 90%는 눈에 보이는 것으로 생명이 드러난다."라고 말한 우디 알렌의 말에 모두 동의할 수는 없지만, 그가 한 말이 예배에 주는 시사점은 분명하다. 예배에서 우리가 처음으로 하는 것은 '보여 주는 것'이다. 즉, 우리의 육체를 통해 우리가 예배하기 위해 모인 하나님의 백성임을 보여 주는 것이다. 우리는 그리스도의 몸으로 모인 살아 있는 성령님의 전으로, 우리가 예배에 참여함으로 그리스도의 현존을 보이게 된다. "예배 안에서 그리스도의 현존은 각각의 그리스도인이 그 육체로 함께 참여함으로 드러나게 된다."[15]

이러한 현존은 우리가 서로를 바라보며 웃고, 눈을 마주치고, 악수를 하고, 안고, 사랑의 관심을 보일 때 드러난다. 예배를 준비하는 과정에서도 예배 인도자와 회중, 양쪽 모두에 의해 이러한 교류가 일어난다.

세인트클라우드에 있는 베들레헴 루터 교회에서의 입교수업은 예전적 행동을 매우 강조하며 얼굴과 얼굴을 마주하면서 진행된다. 그것을 담당하는 디 페터슨 목사는 이렇게 말한다. "입교수업 때 우리는 의도적으로 4주간의 시간을 준비된 예배와 준비되지 않은 예배를 함께 드리게 합니다. 우리가 제대로 준비되지 않은 예배를 드릴 때면, 학생들은 매우 당황스러워하고 불쾌해하기도 하죠." 이를 통해 입교수업을 하는 학생들은 제대로 준비되지 않은 예배는 단순히 불쾌감만 주는 것이 아니라 심각한 문제가 있는 것이며, 진정한 예배를 드리는 것을 불가능하게 한다는 것을 알게 된다.

교회 안에서 기도드릴 때는 다양하고 풍성한 자세를 취한다. 고대시대에 가장 많이 사용된 기도자세 중 하나는 선 채로 기도하는 것이었다. 이는 몇몇 카타콤의 그림에도 등장하는데, 서서 팔을 쭉 뻗으며, 눈은 하늘을 보고 있는 자세이다.

오늘날뿐 아니라 고대시대에도 일어서는 것은 상대방에 대한 경의를 표하는 행위였다. 예수님 시대의 유대문화에서 서는 것은 기도를 하기 위한 일반적인 관습이었다. 그리스도인에게 이러한 기도자세는 하나님을 향한 존경과 새로운 언약에 주어진 자유와 위엄을 나타낸다. 고대시대에는 주님이 부활하신 날의 주일예배에 무릎을 꿇고 기도하는 것이 교회법에 어긋나는 행위였다. 서서 기도하는 행위는 하나님의 구원에 대한 확신을 표현하는 것으로 다시 오실 그리스도를 기다리는 표현이었다. 성 바실은 다음과 같이 말한다.

우리는 주일예배에 일어서서 기도한다. 이는 우리가 그리스도와 함께 부활하였으며, 위의 것을 추구해야 하기 때문만이 아니라, 우리가 받은 은혜를 스스로 기억하기 위함이며, 또한 다시 오실 그리스도에 대한 기다림의 행위이기도 하다. 주일예배에서 우리는 이것을 기도로 표현한다.[16]

이 책에서 언급하였던 루터 교단과 성공회 교단의 교회는 그들의 예식서를 통하여 서서 기도하기를 권면한다. 다른 교단들 역시 서서 기도하는 것을 포함하여 예배 안에 있어야 할 구체적인 예배 행동에 대하여 언급하고 있다.

복음주의 계열의 교단과 성공회 비국교파 자유교회(free-church) 교단의 전통에는 손을 들고 기도하는 행위가 있다. 이것 역시 고대교회로부터 유래된 것이다. 팔을 벌리고 손바닥을 위로 향하게 하여 기도하는 것은 기도의 자연스러운 자세처럼 보인다. 이러한 자세는 하나님의 현존과 도우심에 대한 청원을 상징한다. 또한 이것은 하나님께 자신을 헌신하는 자세이기도 하다. 우리는 오늘날 이런 자세로 성만찬을 인도하는 이들을 보기도 하며, 이는 점차 세계 교회로 확대될 것으로 보인다.

손을 들고 기도하는 자세는 그 눈을 들어 시선을 위로 향하는 행위를 동반한다. 눈을 드는 것은 하나님을 찬양하고 하나님께 영광 돌리는 것을 표현하는 것이다. 나사로를 일으켰을 때처럼 예수님은 눈을 들어 기도하는 모습을 여러 번 보여 주셨다. 어릴 때부터 머리를 숙이고 기도하는 것을 배워 온 우리에게 고개를 들고 기도하는 교회의 모습은 놀랄 만한 일이다. 특히 빵을 떼어 나누는 예전적 행위가 포함된 성만찬 감사기도에서 눈을 뜨고 기도하는 행위는 주목할 만하다. 이때 회중의 시각적인 참여가 없으면 이러한 사인-행동의 의미가 사라진다. 우리가 눈을 뜨고 하늘을 보며, 예전적인 행위에 시각적으로 참여할 때 하나님의 현존에 관한 우리의 인식은 최고조에 달한다.

무릎을 꿇고 기도하는 자세 역시 고대 성서적인 전통으로부터 기인한다. 초대교회 교부들은 회개의 행위로 무릎을 꿇었으며, 이것을 주로 사순절과 같은 금식 기간에 실천하였다. 반대로 주님의 부활과 기쁨에 참여하는 축하의 계절인 부활절 기간에는 이 행위가 금지되었다. 무릎을 꿇고 기도하는 것이 기도의 기본자세 중 하나로 여겨지기는 했지만, 다른 기도 자세도 있었다.

앉아서 기도하는 것은 비교적 짧은 역사를 가지고 있기 때문에 성서적으로나 교회사적으로 근본을 찾기 어렵다. 이는 종교개혁 이후에 나타난 기도자세이다. 예배 중 목회기도 시간이 점점 길어짐에 따라 그 기도가 마치 설교의 축소판과 같이 된 적이 있다. 이때 회중은 점점 지치게 되었다.[17] 회중은 예전을 통한 영적 형성의 관점에서 초대교회에서 서서 기도했던 모습을 떠올렸다. 크레이그 에릭슨은 기도자세에 대한 평가의 기준을 신학적이고 목회적으로 세우기를 권면한다. "모든 기도자세의 상대적 효과는 신학적으로, 목회적으로 평가되어야 한다. 심리학적 관점에서 서서 손을 들고 기도하는 것은 단순히 서서 기도하는 것보다 선호되며, 무릎 꿇는 것은 서서 기도하는 것보다 더욱 선호된다."[18]

오랜 역사를 통해 기독교 공동체는 손을 사용하여 축복하는 표현 방식을 전수해 왔다. 손을 통하여 터치하는 것은 위로와 축복, 신적인 은혜를 전달하는 행위로 종종 사용되었다. 손을 얹고 기도하는 행동은 세례에서 그 뿌리를 찾는다. 초대교회에서는 세례 중 성령의 은사를 구할 때 기름을 바르고 손을 얹어 기도했다. 오늘날의 안수식이 이 세례의 뿌리를 반영해 준다. 특히 위기와 질병 가운데 손은 직접적인 간구와 복의 통로로 사용된다. 회중을 파송할 때 인도자가 손을 올리는 것 역시 축복의 행위를 나타낸다. 회중에 따라서 축복의 행위로써의 터치를 불편해하기도 한다. 확신에 차 있고 신실한 제스처는 의도적인 축복을 위한 통로로 사용되지만, 남을 의식하거나 꺼리는 터치는 그렇지 않다.

성호를 긋는 행위는 많은 기독교 전통에서 내려온 귀한 유산이지만 많이 알려지지 않았다. 과거 교단 사이의 논쟁이 심했을 때 몇몇 교단들은 반대파들이 그것을 사용한다는 이유로 금하였다. "만일 그들이 성호를 긋는다면, 우리는 하지 않을 것이다."

성호를 긋는 것은 하나님의 이름, 주권, 보호의 표시이며, 개인적인 헌신의 표시이다. 성호를 긋는 것은 예배의 흐름에 따라 그 의미와 구체적인 행위가 조금씩 달라지기도 한다. 복음서를 읽을 때 예배자들은 이마와 입술, 가슴에 그리스도의 십자가를 긋는다. 세례를 베풀 때에는 물 위에, 성만찬을 베풀 때에는 빵과 잔 위에 십자가를 긋는다. 세례 시 기름을 부을 때 십자가를 긋기도 하며, 성만찬 뒤에 성찬 참여자들이 이마와 가슴과 어깨에 십자가를 긋기도 한다. "하나님의 터치는 인간의 영혼에 지워지지 않는 자국을 남긴다. 그리스도인의 영적인 자국은 성령님에 의하여 새겨진다. 그러기에 내적이고 보이지 않는 하나님의 은혜가 외적이고 가시적인 사인을 통하여 표현되는 것은 당연한 일이 된다."[19]

예배 시간에 평화의 인사를 제스처로 하는 것 역시 많은 논란의 여지가 있었다. 이 행동도 다른 예배 제스처와 같이 그 뿌리를 성서와 교회사에서 찾을 수 있다. 일부 회중에게 이 평화의 인사는 단순히 친근한 만남같이 보일 수 있지만, 이것은 그보다 더 심오한 영적 의미를 갖고 있다.

그리스도인들은 평화의 인사를 나누며 서로 안에 그리스도의 현존을 인식하게 되고, 평화와 용서와 화해를 나누게 된다. 이것은 오직 그리스도께서 성령의 능력으로 보장해 주시는 것이다. "평화는 영적인 만남이다. 회중 각자는 하나님의 은혜의 통로이며, 원초적인 성례 그 자체가 된다. 평화가 나누어질 때, 개인은 서로에게 은혜의 통로가 된다. 따뜻함, 진실함, 현장성은 바로 평화가 잘 이해되고 나뉘게 하는 것이다."[20] 그리스도의 평화를 나누는 사인-행동은 하나님의 사죄의 선언 뒤에 할 수도 있고, 회중기도가 마친 뒤에 할 수도 있으며, 성만찬 바로 전에 할 수도 있다. 이것이 예배의 어느 때에 실행되든, 성령님의 능력 안에서 서로를 맞이하고 환영하는 데 그 의도가 있다.

예배를 위한 공간을 준비하는 행위는 세례와 성찬이나 절기 행사를 위해 예배의 공간을 준비하고 장식하는 것 등을 포함한다. 대림절 기간에는 녹색[21] 상징물을 걸어 놓고, 고난주간에 강대상의 상징물이나 배너를 제거했다가 부활절에 다시 장식하는 모든 행위가 여기에 포함된다. 예배 공간이 절기에 따라서 새롭게 준비되는 것은 회중이 하나님의 구원의 역사에 깊이 참여하도록 돕는다. 매 주일마다 회중은 성찬대를 바라보고 준비에 참여하면서 그리스도와의 만남을 고대한다. 세례대에 물이 채워지고, 성배에 포도주가 부어질 때 우리는 그리스도 안에서 부어 주시는 하나님의 사랑을 회상하게 된다. 성만찬에 참여하면서 빵을 취하고, 나누고, 축복하고 나누는 사인-행동들은 회중에게 있어서 그리스도의 현존을 분별하게 하는 강력한 초대가 되는 것이다.

그리스도 루터 교회는 성금요일에 강대상의 상징물이나 배너를 제거하고, 부활절에 다시 장식하는 것을 오래된 전통으로 가지고 있다. 이러한 일들은 회중에게 신앙을 형성하는 역할을 해 왔다. 이때 모든 초, 성경, 성경받침대, 성배, 제대, 배너 등 본당에 있는 것들을 하나씩 치운다. 예배위원들은 앞으로 나와 목회자로부터 이것을 하나씩 받아 중앙통로를 통

:: 그리스도 루터 교회의 부활절 성찬식 모습(Photo by Dave Swager)

해 퇴장한다. 솔리스트는 찬양을 드리고, 예배 공간은 점점 어두워진다. 마침내 예배당에서 모든 것이 옮겨지면 찬양은 멈추고, 침묵이 그 공간을 채운다.

이러한 엄숙한 분위기는 부활절의 축제 분위기와 대조를 이룬다. 부활절 아침, 회중은 부활절 꽃장식만으로 가득 찬 예배당을 보게 된다. 예배위원들은 성금요일에 들고 나갔던 기구들을 하나씩 가지고 들어온다. 초가 켜지고, 예배당은 밝아지며, 관악기들의 앙상블이 예배 공간을 채운다. 예배위원인 린다 피클과 주디 가넷은 이러한 변화를 보며 "오늘은 부활절입니다!"라고 외친다. 돈 셀리어스는 이렇게 말했다. "예배 공간의 색깔, 질감, 강조가 변화되는 것을 보는 것은 사인-행동이 주는 감동을 경험하게 한다."[22]

루터교와 성공회 회중은 예배 중 예전적인 행진이 주는 신앙적인 영향력을 잘 이해하고 있다. 예배 안에서의 행진은 실천적이며 상징적인 중요

:: 그리스도 루터 교회의 예배 중 지역 섬김을 위한 음식을 싣고 행진하는 어린이
(Photo by Dave Swager)

한 의미를 갖는다. 행진을 통해 회중은 예배당에서 자신들이 하나님의 부르심 앞에 나아가고 있음을 몸으로 표현하게 된다.

이 장의 시작은 예배당 입구에서의 행진을 묘사하는 것으로 시작하였다. 복음서를 들고 예배당 안으로 들어가는 것은 말씀이 회중 한가운데로 들어가는 것을 보여 줌으로써 말씀 안에 현존하신 그리스도를 선언한다. 예배 공간의 한가운데로 예물을 들고 행진하는 것은 회중으로 하여금 하나님을 향한 스스로의 헌신을 보게 한다.

그리스도 루터 교회의 예배 시간에는 어린이들이 지역 섬김을 위한 음식을 손수레에 싣고 교회 중앙 통로로 들어간다. 세례대를 향한 행진, 결혼예식에서 신랑과 신부의 행진, 장례예식에서의 장례행렬 등은 모두 이 행렬의 움직임에 참여한 자들이 은혜의 언약 안으로 들어감을 나타내며, 궁극적으로 우리의 삶이 영원한 삶으로 나아감을 상기시켜 준다. 예배를 마칠 때 세상으로 나아감의 행진 역시 하나의 사인-행동이 되어, 교회가

세상 속으로 말씀에 따라서 보내심을 받는 것을 나타낸다.[23]

많은 회중은 워십댄스를 통해 예배가 활기를 찾고 새로워짐을 경험했다. 유대회중이나 초대회중에게 워십댄스는 일반적인 것이었지만, 육체를 거부하는 신학적인 전통의 영향을 받은 회중에게는 비판을 받으며 금지된 행위가 되기도 했다. 하지만 워십댄스의 의도는 하나님을 영화롭게 하는 데 있다. 예배 안에서 다른 음악을 활용하는 것과 같이, 워십댄스는 단순한 퍼포먼스가 아니라 회중을 하나님의 임재 안으로 인도하는, 몸으로 표현된 제스처로 이해되어야 한다.[24] "워십댄스는 예배를 더욱 심오하게 하고 예배에 집중하게 하는 목적을 가진다. 그것은 단순히 보여 주기 위한 것도 아니고 예배를 아름답게 장식하기 위한 것도 아니다." 워십댄서 교사인 로사리 브라니간은 다음과 같이 말한다.

> 워십댄서는 예전적인 춤을 통하여 예배 안에서의 그의 영혼을 표현한다. 그 춤 안에는 뒤로 숨길 단어들이 더 이상 없고, 말이 아닌 얼굴 표정과 제스처로 생각과 말씀의 추상적이고 본질적인 것들을 표현한다. 몸은 거짓말을 하지 않는다. 워십댄서 안에 있는 내적 감정, 느낌, 모양들은 영혼의 깊이로부터 흘러나와서 춤을 통해 표현된다. 이때 춤은 하나님께로 나아가는 강력한 통로가 된다. 이러한 과정들이 전제되지 않으면, 춤은 예배 안에서 잘해야 기교적인 운동이 되고, 최악의 경우 기술적인 쇼로 전락하게 된다.[25]

그러므로 워십댄서들은 그 춤이 절기에 합당한지, 예배상황에 맞는지, 회중과 교회의 전통에 합당한지를 분별해야 한다.

지금까지 예전적인 행동들과 제스처가 다양한 예배 표현의 통로가 되며, 더불어 다중의 의미를 전달하고 있음을 살펴보았다. 이러한 관점에서 볼 때 상징적인 제스처는 한 가지 의미만을 나타내는 것이 아니라 다양한 의미를 내포하고 있음을 알 수 있다. 상징적인 제스처를 통하여 말로 다 표현할 수 없고 설명되지 않는 하늘과 땅의 창조주이신 하나님의 구원을 전달할 수 있다. 그렇기 때문에 예배 중 몸을 활용하여 구체화될 수 있는 요소들에 대해 결정하고 가능성을 모색해야 하며, 이에 관한 신학적이고 목회적인 기준을 마련할 필요가 있다.

　회중은 예배 안에서의 움직임과 제스처에 대해 나름대로의 기준과 판단을 가지고 있다. 이것은 그들이 갖고 있는 역사, 유산, 자원, 감성에 기인하는 것이다. 그러나 그것이 무엇이든 예배의 목적은 우리의 마음과 손과 목소리를 다하여 하나님께 영광을 돌리는 것임을 기억할 때 교회 안에서의 몸 언어는 풍성한 상징적 의미를 제공한다. 그러기에 언제나 그렇듯 예배는 단어만으로는 부족하다.

:: **대화를 위한 기준과 질문들** ::

아래에 있는 질문 중 자신의 교회에 중요한 사안들을 두세 개 정도 선택하여 대화를 나누어 보자.

:: **질문들(묘사 – 분석 – 상상 – 적용단계)** ::

1. 기준 : 예배 안에서 몸 언어로서의 예전적인 움직임은 기능적인 행농이며 동시에 예전의 의미를 끌어내는 상징적 제스처이다.

　1) 묘사단계 : 예배 안에서 공통적으로 나타나는 회중의 몸 언어는 무엇인가?

　2) 분석단계 : 예배 안에서 회중의 몸 언어와 움직임이 어떻게 상징적

으로 작용하였는가?

3) 상상/적용단계 : 예배 안에서 어떠한 움직임이나 제스처의 변화가 회중으로 하여금 그들의 몸 언어가 더욱 상징적인 움직임이 되게 하는가?

2. 기준 : 세례에서 성령님은 창조주이신 하나님과 교회를 언약으로 묶어 주신다. 세례의 물은 창조, 홍수, 출애굽의 물을 상징화한다. 그래서 세례의 물은 우리로 하여금 하나님 창조의 선함에 연결하여 주고 노아와 이스라엘과 언약을 맺으신 하나님의 은혜에 연결하여 준다.[26] 세례 안에서 우리는 예수님의 죽음과 부활에 참여한다. 즉, 하나님으로부터 우리를 갈라지게 한 죄에서는 죽으며 그리스도 안에서는 새 삶으로 다시 살아난다.[27]

1) 묘사단계 : 세례는 어디에서 집례되었는가? 누가 참여하였는가? 세례식에서 어떠한 행동들이 실행되었는가?

2) 분석단계 : 세례에 사용된 물은 어떻게 하여 창조의 물, 출애굽의 물, 예수님의 세례를 보여 주었는가? 물은 청각, 시각, 촉각, 혹은 양적인 면에서 어떻게 사용되었는가? 이러한 실행들이 예수님의 죽음과 부활을 잘 보여 주었는가? 세례에 사용된 실천들이 세례의 의미를 잘 체현해 주었는가? 사인-행동들이 세례의 의미와 본질을 다 보여 주는 데 실패하였다면 그 이유는 무엇인가?

3) 상상/적용단계 : 움직임의 관점에서 어떻게 하면 세례에 사용되는 몸 언어와 성물들이 세례의 의미를 풍성하게 보여 줄 수 있는가?

3. 기준 : 성만찬은 죽으시고 부활하신 주님과 연합하여 먹고 마시는 사인이자 봉인이다.[28] 신약성서는 성만찬을 부활하신 그리스도의 몸에 참여하는 것으로 나타내며, 하나님 나라를 함께 기대하면서 메시야적

하늘잔치를 먼저 맛보는 것으로 나타낸다.[29]

1) 묘사단계 : 성만찬에는 어떠한 몸 언어와 제스처가 활용되는가? 얼마나 자주 성만찬을 집례하는가? 성만찬 집례 시 인도자는 어떠한 제스처를 하는가? 회중은 어떠한 제스처를 하는가? 성찬은 어떻게 분병, 분잔되는가? 이 외에 성만찬 안에서 어떠한 성찬 축하의 행동이 활용되는가?

2) 분석단계 : 어떻게 이러한 행동들과 제스처들이 "죽으시고 부활하신 예수님과의 연합을 하는 사인과 보증"[30]을 보여 주는가? 어떠한 행동과 제스처가 예수님의 현존에 대한 분별을 돕는가? 혹은 방해하는가?

3) 상상/적용단계 : 움직임의 관점에서 어떻게 하면 성찬의 의미를 좀 더 명확하고 분명하게 드러내도록 축하할 수 있는가?

4. 기준 : 회중의 반복적인 행동과 제스처는 그들에게 예배를 위한 몸의 기억을 제공한다.

1) 묘사단계 : 회중의 몸에 배어 있는 예배의 제스처와 행동들은 무엇인가?

2) 분석단계 : 이러한 제스처와 행동들이 어떻게 예배를 강화하고 의미를 깊게 하는가? 혹은 예배의 의미를 잃게 만드는가? 이것을 어떻게 알 수 있는가?

3) 상상/적용단계 : 어떻게 하면 회중이 예배 안에서의 기억된 제스처와 행동에 대해 반추하고 몸의 기억을 강화하도록 도울 수 있는가?

5. 기준 : 사인-행동을 통하여, 기독교 공동체는 세상을 향한 복음의 증인임을 명확히 하며, 기독교 신앙의 핵심이 무엇인지를 드러내 준다.

1) 묘사단계 : 예배를 드리는 회중에게 있어서 중심이 되는 사인-행

동은 무엇이 있는가?

   2) 분석단계 : 어떻게 사인-행동이 기독교 신앙의 중심을 보여 주고 있는가?

   3) 상상/적용단계 : 어떻게 회중의 사인-행동을 변형해야만 그들에게 기독교 신앙의 핵심을 더욱 잘 드러낼 수 있는가?

6. 기준 : 환영과 환대의 제스처는 예배자들로 하여금 하나님의 약속과 은혜를 함께 축하하도록 돕는다.

   1) 묘사단계 : 어떻게 회중이 새신자와 친구들을 환영하고 환대하였는가?

   2) 분석단계 : 어떻게 이러한 행동들이 하나님의 약속과 은혜를 축하하는 데 도움을 주었는가? 혹은 방해하였는가?

   3) 상상/적용단계 : 환영과 환대의 제스처를 어떻게 변형하면 회중과 새신자 모두에게 예수님의 환영과 환대를 더욱 분명하게 드러낼 수 있는가?

7. 기준 : 기도하는 자세는 하나님께 영광 돌림을 드러내며 경외를 표현한다. 기도는 또한 그리스도 구원의 실재를 드러낸다.

   1) 묘사단계 : 당신이 속한 회중의 일반적인 기도의 자세는 무엇인가?

   2) 분석단계 : 어떻게 그러한 기도의 자세들이 하나님께 경외와 영광을 돌리는가? 어떻게 그리스도의 구원의 실재를 드러내는가? 회중의 기도 자세가 그리스도의 구원의 의미에 집중하는 데 방해가 된다면 그 이유는 무엇인가?

   3) 상상/적용단계 : 만일 기도하는 자세의 변화를 찾는다면 무엇이 있겠는가? 그렇게 변화된 기도의 자세를 통하여 하나님에 대한 회중의 인식이나 그들 스스로에 대한 이해가 어떻게 변화될 수 있는가?

8. 기준 : 손을 얹고 기도하거나, 손을 올리고 기도하는 행위들은 그리스도의 기도 행위를 상기시킨다. 우리는 그리스도의 평화를 나누면서 우리 안에 계시는 그리스도의 영을 인식하게 된다.

   1) 묘사단계 : 회중에 의해서 사용되는 축복의 제스처는 주로 어떤 행동인가?

   2) 분석단계 : 어떻게 이러한 제스처들이 회중 각자 안에 있는 그리스도의 현존을 인식하게 하고 복을 전달할 수 있는가? 만일 축복의 제스처가 다른 의미로 전달되거나 실행되었다면, 어떤 경우였는가?

   3) 상상/적용단계 : 축복의 행동이 변화할 수 있다면 어떤 변화가 가능하겠는가? 회중 가운데 어떠한 대화를 나눌 때 손을 활용한 축복의 기도와 신실한 터치가 함께하는 기도에 관한 생각들이 좀 더 긍정적이 될 수 있는가?

9. 기준 : 십자가 성호를 긋는 행위는 회중에 대한 하나님의 주권을 나타내 주는 사인이며, 각 사람 안에 계시는 그리스도의 현존을 반영해 준다.

   1) 묘사단계 : 회중은 어떻게 예배 안에서 십자가 성호를 긋는가?

   2) 분석단계 : 십자가 성호를 긋는 행위가 어떻게 회중에게 하나님의 주권과 그리스도의 현존을 나타내는가?

   3) 상상/적용단계 : 몸의 기억과 영적 형성 사이의 관계에서 볼 때, 십자가 성호를 긋는 행위가 어떻게 바뀌면 예배 안에서 더욱 강력한 사인이 될 수 있는가?

10. 기준 : 예배 공간을 준비하는 행위는 하나님의 구원 이야기로 회중을 더욱 깊이 인도해 준다.

1) 묘사단계 : 어떤 이벤트나 예배 때에 예배의 공간이 잘 준비되고 점검되는가?

2) 분석단계 : 예배 공간을 준비하는 행위는 어떻게 구체적인 교회력이 내포하고 있는 이야기로 회중을 더욱 깊이 인도하는가? 만일 회중이 예배 공간을 준비하는 것에 참여하는 것이 전통이 아니라면, 예배 공간을 통한 하나님의 구원 이야기가 회중에게 어느 정도 전달되고 있는가?

3) 상상/적용단계 : 어떻게 하면 회중이 예배 공간에 참여하는 것이 그들의 예배적 삶으로 연결되도록 도울 수 있는가?

11. 기준 : 예배 안에서 행진하는 행위는 회중으로 하여금 예전적인 핵심으로 나아가게 도와준다. 게다가 행진은 회중이 예전적인 삶을 살아가는 동안에 무엇이 그들의 삶의 중심이 되어야 하는지 상징적으로 가리킨다.

1) 묘사단계 : 예배의 행진이 어떻게 예배 안에서 회중과 그들의 실천에 활용되고 있는가? 회중에게 있어서 예배의 행진이 상징적으로 중요한 예배 행위였는가?

2) 분석단계 : 행진이 그 상징적인 의미를 어떻게 전달하고 있는가?

3) 상상/적용단계 : 예배 안에서 행진하는 행위에 어떠한 변화를 주어야 그것이 갖고 있는 상징적인 의미가 더욱 분명하게 드러나는가?

12. 기준 : 워십댄스는 하나님께 영광을 돌리며, 회중으로 하여금 예배를 더욱 깊이 경험하게 하고, 예배에 더욱 집중하도록 도와준다.

1) 묘사단계 : 워십댄스에 대한 회중의 경험은 어떠한가?

2) 분석단계 : 어떻게 워십댄스가 하나님께 영광을 돌리며, 회중으로 하여금 특별한 예배를 더욱 깊이 경험하게 하고, 예배에 더욱 집중

하도록 도와주는가?

3) 상상/적용단계 : 어떠한 예배나 모임 안에서 워십댄스가 더욱 잘 활용될 수 있는가?

미주.

1) Craig Douglas Erickson, *Participating in Worship : History, Theory, and Practice* (Louisville, KY : Westminster / John Knox Press, 1989), 151.
2) Hovda, "It Begins with the Assembly," 41.
3) Robert E. Webber, *Worship Is a Verb : Eight Principles for Transforming Worship*, 2nd ed. (Peabody, MA : Hendrickson Publishers, 1992), 2.
4) Don E. Saliers, "The Power of Sign-Acts," in Anderson, *Worship Matters*, 1 : 175.
5) Byron D. Stuhlman, *Prayer Book Rubrics Expanded* (New York : Church Publishing, 1987), 21.
6) ELCA, *Principles for Worship*, 7.
7) Byars, "Body Language," 4-5.
8) Kathryn Sparks, "Embodied prayer : Reclaiming the Age-Old Wisdom of the Body through Movement and Dance," *Call to Worship : Liturgy, Music, Preaching, and the Arts* 40 (2007) : 16 ; quoting Jürgen Moltmann, *God in Creation* (Minneapolis : Fortress Press, 1993), 256 ; and Mary T. Prokes, *Toward a Theology of the Body* (Grand Rapids : Wm. B. Eerdmans Pub. Co., 1996), 259.
9) Kendra G. Hotz and Matthew T. Mathews, *Shaping the Christian Life : Worship and the Religious Affections* (Louisville, KY : Westminster John

Knox Press, 2006), 138.

10) PC(USA), *Book of Common Worship*, 72.
11) Shussett, "Embodied Spirituality," 10-16.
12) Saliers, "The Power of Sign-Acts," 173.
13) 위의 책.
14) 미국장로교총회(PC〈USA〉)는 이 내용을 *Invitation to Christ*라는 책으로 출간했다.
15) Erickson, *Participating in Worship*, 155-156.
16) Basil The Great, *De Spirtu Sancto* 27.66, in Sources chrétiennes 17 : 236-237 ; ET, *On the Holy Spirit* (Crestwood, NY : St. Vladimir's Seminary, 1980), 100 ; as quoted in Erickson, Participating in Worship, 159.
17) Erickson, *Participating in Worship*, 167.
18) 위의 책, 163.
19) 위의 책, 171.
20) 위의 책, 30.
21) 역자주 : 대림절기의 색깔은 보라색이지만, 전통적으로 네 개의 초를 꽂는 대림환(Advent wreath)은 녹색잎으로 장식한다. 여기에서 녹색은 소망, 승리, 생명을 의미한다.
22) Saliers, "The Power of Sign-Acts," 1 : 175.
23) PC(USA), Directory for Worship, W-1.1004.
24) Rosalie Bent Branigan, "The Work of Liturgical Dancer," in Anderson, *Worship Matters*, 2 : 65.
25) 위의 책, 69-70.
26) PC(USA), Directory for Worship, W-2.3003.
27) 위의 책, W-2.3002.
28) 위의 책, W-2.4001.
29) 위의 책, W-2.4002.
30) 위의 책, W-2.4001.

Worship Matters

A Study for Congregations

하나님의 백성들에게 기도는 십자가를 형상화하는 사건이다. 즉, 한 손으로는 과거로부터 내려온 신앙의 유산을 잡고, 다른 한 손으로는 미래의 소망을 붙들며, 지금 여기 현재의 자리에 굳게 서서 기도하는 것이다. 이 기도는 우리 신앙의 중심적 상징이 된다. 만일 과거의 유산과 미래적 소망 중 하나라도 놓치는 경우, 마치 십자가의 형상이 손상되듯이 우리의 영성은 위태로워진다. 온전한 기도는 과거의 사건들을 바로 우리의 현재적 시대와 시간 안으로 들어오게 한다.[1]

― 로렌스 홀 스투키

worship matters
chapter 06

예배와 시간: 은총의 절기, 교회력

교회가 내적으로 갖고 있는 독특한 면 중의 하나는 시간에 대한 인식이다. 교회는 일반적으로 사용하는 태양력을 따라가기보다, 하나님의 구원사역을 기준으로 하여 흘러가는 교회력과 절기, 주님의 날에 우선순위를 두고 시간을 지켜 나간다. 매일 교회는 하나님 앞에서 세상을 기억하며 기도하고, 절기마다 예수 그리스도 안에서 행하신 하나님의 구원사역을 회상하고 축하하며, 부활하신 예수님의 현존을 찬양한다. 또한, 교회는 다시 오실 주님을 기다리며 마침내 세상을 온전히 구원하신 하나님을 고대한다. 이와 같이 하나님의 구원 이야기로 만들어진 교회력은 바로 회중예배를 형성해 가는 생생한 원천이 되며, 매주, 매 절기마다 회중은 교회력과 동행한다.

몇 년 전, 러시아 동방정교회에서 자라난 한 여성 성도가 작은 장로교회를 다니게 되었다. 사순절과 부활절기를 지내면서 그녀는 지속적으로 질문을 던졌다.

"이 절기 동안 우리는 앞으로 무엇을 하나요? 과거에는 무엇을 해 왔나요?" 그녀는 동방정교회에서 해 왔던 것들을 이 장로교회에서는 하지 않음을 보고 이렇게 질문하였고, 나는 그리 길지 않은 시간 동안 그녀를 통해 동방정교회에서 경험했던 교회력에 따른 예전적 실천에 관한 여러 가지 이야기를 들었다. 이야기를 마치며 그녀는 이렇게 말했다.

"나에게 부활절은 단순히 일 년에 한 번 드리는 연중행사 같은 예배가 아니었어요. 나는 부활절을 준비하고, 기다리고, 고대했던 일들을 기억해요. 부활절이 다가오고 빛과 색깔과 음악과 부활절 음식들이 풍성해지기 시작할 때 그것에 온전히 축하하며 참여했어요. 그 모든 경험들이 나의 머릿속에 생생히 남아 있어요. 우리는 부활절을 온전히 경험하며 살았던 것이죠."

나는 그리스도인으로서, 또한 기독교교육가로서 그녀의 말을 들으면서 영적 부러움을 갖게 되었다. 그녀가 속했던 신앙공동체는 사순절 기간 내내 함께 예전적인 실천을 행하면서 부활의 생명을 함께 경험했던 것이다. 이것에 대해 미국장로교의 「예배·예식서」는 다음과 같이 말한다. 우리는 과거의 사건을 그대로 복사·재연하는 것으로 성탄예배를 드리지 않는다. 우리는 성탄절의 현재적인 실재를 기뻐하는 것이다. 교회 절기에 따라 드리는 예배는 과거의 역사적인 드라마를 재연하는 데 그치는 것이 아니라 그리스도와 현재적으로 만나는 것이다.[2)]

나에게는 교회 절기와 축하 행사를 통해 그리스도를 만난 친구가 있다. 그녀가 경험한 교회는 일반적으로 북미의 교회 안에서 허용하고 있는 세상의 언어, 관습, 관계, 문화와 같은 것을 엄격하게 구별하고 있었다. 그 교회의 회중은 그들을 둘러싸고 있는 세상에서 흔히 통용되는 세속적 기준과 실천에 끌려가지 않았고, 그것으로부터 구별되는 문화를 가지고 있었다. 나는 오늘날의 교회가 이러한 사례로부터 배워야 할 것이 있다고 생각한다. 세상이 세속화되고, 소비주의화되며, 미디어가 문화를 통제하고 이끄는 이 시대에, 교회는 세상으로부터 구별되는 거룩한 문화를 세워 나가야 한다.

이러한 관점에서 교회절기와 축제는 교회와 회중에게 거룩하고 구별된 삶의 형태, 십자가로 상징되는 신앙의 형태를 제공해 준다. 이것이 바로 이 장의 앞에서 로렌스 홀 스투키가 말한 십자가로 형상화되는 신앙의 삶이다. 무언가를 축하하는 일은 그 자체로 하나의 공동체를 형성하는 데 도움을 준다. 결혼하고, 아기를 낳고, 아이가 자라나고, 졸업하는 등, 이러한 과정에서의 축하는 우리의 정체성과 삶의 의미를 부여해 주는 사건이 된다. 이러한 사건은 또한 생일, 기념일, 그리고 반복되는 축하절기를 통하여 지속적으로 기억된다.

우리는 매일의 삶 속에서 조금씩 암묵적으로 삶의 의미를 발견하게 된다. 그러다가 매우 중요한 사건들을 축하하기 위해 잠시 멈추었을 때, 삶의 의미를 큰 그림으로 다시 돌아보게 된다. 그러므로 이러한 축하는 시간 안에 매여 있기보다 시간을 뛰어넘어 존재하고 있다고 볼 수 있다. 축하를 통해 우리는 그동안 형성해 온 과거의 사건들을 회상하며 현재의 의례에 더욱 깊이 참여하고, 소망을 가지고 미래를 고대하게 된다. 이러한 방식으로 반복되는 축하는 우리로 하여금 삶의 의미를 명시적으로 드러내게 해 준다. 그리고 이렇게 반복되는 축하는 강력한 영향력을 끼치며 지속적으로 삶에서 기념된다.

교회력에 따른 축하잔치는 이와 유사하지만 좀 더 심오한 방식으로 우리가 하나님의 구원사역을 더욱 잘 알아 가도록 도와주며, 그 의를 정기적으로 묵상하게 해 준다. 개인의 가족 축하행사처럼, 교회 절기를 축하하는 것은 과거, 현재, 미래가 함께 공존하는 자리이다. 스투키에 따르면 성숙한 그리스도인이 되는 것은 우리가 시간과 영원 사이에 살아가고 있다는 것을 알고, 그 신념을 갖고 살아가는 것이다.[3] 그는 계속해서 설명하기를, 신자가 되는 것이나 특정한 시간에 교회행사에 참여하는 것이 성숙한 그리스도인을 말하지 않음을 강조한다.[4] 매시간, 매주, 매 절기마다 드리는 축하와 예배는 우리가 그 시간이 주는 의미와 실재를 경험하게 도우며, 우리의 삶 속에 영원성이 동시에 있음을 알게 한다.[5]

우리는 종종 시간을 과거, 현재, 미래의 선형적인 구조로 이해한다. 그리고 이 순서는 바뀌지 않는다고 생각한다. 그러나 교회는 이러한 시간을 다르게 이해한다. 교회 절기에 따라서 하나님의 구원 이야기가 선포될 때 하나님의 시간은 우리의 시간을 깨뜨리시고, 하나님의 이야기가 우리의 이야기가 되게 하신다. 우리는 하나님의 구원사역을 반복적으로 나누면서 성령님의 역사를 통해 그리스도의 구원사역의 신비로 들어가게 된다. 연간 흘러가는 교회력의 시간들은 우리로 하여금 교회로서의 정체성을 형성해 주며, 우리가 깊이 있는 영성을 형성하도록 인도한다. 그럴 때 우리의 삶은 마침내 미래-현재가 되어, 그리스도 안에서 언약된 온전함을 경험하게 된다.[6]

이것이 예배 안에서 우리가 추구해야 할 지향점이다. 그러나 나의 친구와 내가 경험했듯, 실제로 회중은 예배 안에서 과거, 현재, 미래가 성령님의 능력 안에서 변화되는 것을 잘 기대하지 않는다. 주일예배를 매 주일 오래되고 같은 것들이 반복되는 사건으로 인식하는 사람들이 많다. 그러나 이것은 분명히 잘못된 것이다. 단 두 명만 모여도, 그 모임은 결코 같은 것이 반복되지 않는다. 그 이유는 우리가 변하고 우리의 환경이 변하기 때문이다. 더 중요한 것은 주일예배의 요소는 매주, 매 절기에 따라 달라진다는 것이다. 예배학자 고든 라스롭은 축하하는 자리가 매번 독특하며 같을 수 없는 이유는 그때마다 사용되는 단어, 행동, 노래, 상황 등이 다르기 때문이라고 말한다. 그는 회중의 모임마다 갖는 독특한 병치가 있음을 강조하는데, 이것이 성령님께서 역사하는 자리라고 말한다. 「거룩한 것들」이라는 책에서 라스롭은 병치에 대해 다음과 같이 설명한다.

> 교단을 넘어서 모든 주일예배의 중심되는 요소가 있다. 가장 중심이 되는 것은 성경책과 세례대, 성만찬의 빵과 포도주다. 그다음으로는 촛불, 기름, 가운, 의자, 이미지, 악기 등이 있다. 이것은 정적이지 않으며 행동 안에서 그 의미가 드러난다. 그곳에는 의도적인 병치가 일어난다. 이 병치의 시작은 우리가 흔히 사용하는 일반적인 물건으로부터 시작된다. 그 물건은 선포되는 하나님의 언약의 말씀과 만나면서 공동체적인 의미를 드러낸다. 이러한 방법으로 회중과 예배에 사용되는 물건들은 풍성한 의미의 현장이 되어 회중의 삶에 복음의 빛을 비추게 된다. 세례와 성만찬의 자리에서 이러한 현상이 잘 드러난다.[7]

구체적인 시간과 장소에서 이루어지는 예배 안에서, 구체적인 말씀, 물, 성찬 음식, 회중 간의 병치는 축하의 자리를 온전하고 새로운 창조의 자리로 만든다. 매주 드리는 예배 모임, 말씀, 성찬, 파송의 네 가지 예배 형식은 교회력의 시간 순서와도 일치한다. 이렇게 성령님의 역사하심으로 교회력과 예배의 요소가 만나게 될 때, 예배의 네 가지 패턴과 매주 해당하는 교회력 사이에는 시간적 병치가 일어나게 된다.

시간이야말로 우리가 예배에 대하여 말할 때 놓치는 요소 중 하나이다. 하지만 예배는 시간으로 채워져 있다. 매 초와 순간과 공간이 예배 안에 존재한다. 예배가 진정으로 시간과 영원성의 교차점에 존재한다면, 예정된 예배 시간에 얽매이는 예배는 무언가 핵심을 놓치고 있는 것이다.

돈 셀리어스는 이러한 시간의 관점을 가지고 회중이 주일예배를 떠나가는 문제에 대하여 언급한다. 예배의 전형적인 형태는 갖추었지만 하나님에 대한 경외감이 전혀 느껴지지 않는 예배 앞에서 회중은 떠나간다. 셀리어스는 하나님에 대한 경외는 우리의 예배 언어가 가리키는 실체이신 하나님과 그분의 현존에 대하여 새롭게 깨닫는 것으로 이해한다.[8] 그는 이러한 예배 안에 일어나는 하나님에 대한 경외 경험에는 언어와 이미지가 필요하다고 말한다.[9]

그러기에 예배 안에서 경외는 분명한 방향을 갖고 있지만 시간적으로 서두르지 않아야 한다. 하나님을 영화롭게 하고 하나님의 임재로 나아가는 데에는 시간이 필요하다. 우리가 예배를 모임과 말씀과 성찬과 파송의 패턴에 따라 참여할 때, 우리는 그 예배가 드려지는 매일, 매주, 매 절기 시간의 흐름을 기억할 필요가 있다. 그러한 흐름을 따라갈 때에 우리는 하나님의 임재 안에서 하나님을 새롭게 깨달을 수 있기 때문이다.

시간과 영원의 교차로에서

교회의 모든 예배와 축하의 한가운데에는 예수님이 계신다. 매주, 매년 진행되는 예배와 축하에서 예수님의 이야기는 다시 언급된다.[10] 그리스도인은 주님이 부활하신 날, 주님의 날, 한 주의 첫 날인 주일에 모인다. 예수님과 그분의 말, 그분의 행동을 기억하며 성찬을 나눈다. 거기에 죽음을 이기신 예수님의 승리를 서로 기억하며, 죽음에서 예수님을 일으키신 하나님의 역사를 상기한다. 그렇기 때문에 그리스도인들은 주일에 모여서 신앙 이야기를 나누고, 빵을 쪼개고, 부활하신 주님을 만난다. 이러한 과정을 통해 그리스도인들은 자신들이 부활하신 그리스도와 함께 부활하였음을 지속적으로 알게 되고 축하한다. 오늘날 많은 교회들이 말씀과 성찬의 연합에 관한 회복을 경험하고 있다. 말씀을 듣고 매주 성찬을 행하는 교회가 늘어나고 있다.

간혹 주님의 날은 제8일로 언급된다. 이것은 여섯 번째 창조의 날, 일곱 번째 안식의 날, 여덟 번째 그리스도의 부활과 새 창조의 날을 회상시킨다. 일주일의 첫날이 곧 여덟 번째 날, 즉 새 창조의 첫날이 되는 것이다. 바로 이러한 이유 때문에 세례대의 모양이 팔각형으로 되어 있으며, 세례는 곧 우리가 새로운 창조로 들어가는 것을 표현한다. 그러므로 예수님 안에서 모든 시간은 새로운 의미를 갖는다. 또한 이러한 의미에서 매 주일은 작은 부활절이 된다. 그러기에 교회는 일 년 내내 교회력에 따라 예배를 드리면서 축제의 이미지가 상쇄되는 사순절 기간에도 주일만큼은 회개의 시간이 아니라 감사와 기쁨의 예배를 드리는 것이다. 사순절 사십일을 지낼 때에도 주일을 제외한 주 중과 토요일만 지키며, 주일에는 복음을 온전히 축하하고, 부활의 잔치로서의 예배를 드리게 된다.

많은 교회들이 새롭게 개정된 성서일과를 사용한다. 세계교회의 에큐메니컬 관점에서 작성된 성서일과는 이 책에서 다루는 모든 교단에서 사용된다. 이 성서일과는 3년을 패턴으로 한 성구달력으로, 예수 그리스도의 삶과 사역과 부활을 중심으로 주일과 교회절기에 사용되는 말씀을 제공해 준다. 매 주일 예배에는 구약, 시편, 복음서, 서신서의 본문이 제공된다. 회중은 이 본문에 따라 매 주일, 매 절기마다 그리스도 안에서 하나님을 만난다. 예배는 말씀을 만나는 장소이며, 모이는 하나님의 백성들에게 주신 언약의 말씀을 실행하는 자리이고, 성령님께서 모인 자들 가운데 그리스도를 드러내 보이시는 자리이다.[11] 이러한 소망을 갖고 교회력을 좀 더 자세히 살펴보자.

성육신의 절기 : 대림절, 성탄절, 주현절

교회는 예수님의 탄생을 시작으로 하나님의 구원사역을 기념한다. 성탄절을 어떻게 축하하는지를 주의 깊게 살펴보면 대림절, 성탄절, 주현절로 이어지는 절기의 흐름이 어떻게 준비되고 흘러가는지를 아는 데 도움이 된다. 하나님의 구원사역은 이스라엘 민족을 통하여 먼저 드러났으며, 지금은 그리스도 아기 예수님의 임마누엘을 통하여 드러난다. 요한복음에는 "말씀이 육신이 되어 우리 가운데 거하시매…… 은혜와 진리가 충만하더라"(요 1 : 14)고 기록되어 있다. 즉, 하나님의 구원 목적의 궁극적인 성취는 메시야적 구원자로 오신 예수님의 탄생과 함께 시작되었고, 우리는 이 성탄절에 우리의 감사와 찬송을 드리게 되는 것이다.[12]

이러한 성육신 절기의 중심이 되는 성탄절은 대림절 4주간을 준비하는 절기로부터 시작된다. 이 절기는 다시 오실 예수님을 준비하며 기다리는 시간이다. 단순히 말구유에 누인 아기가 아닌 다시 오실 예수님을 기다리는 것이다. 대림절은 다시 오셔서 세상을 심판하시고 다스리실 예수님의 재림에 대하여 다룬다. 그리하여 우리는 이 시기에 오신 예수님과 오실 예수님에 대한 이미지, 아직의 시간 사이에 있는 우리 자신에 대하여 인식하게 된다. 교회는 오시는 아기 예수님과 그분의 삶과 사역, 최종적인 승리에 대한 지식을 가지고 하나님께서 언약하신 모든 것의 성취를 기다린다. 이것에 대한 외침이 바로 "주 예수여, 오시옵소서!"이다.

대림절의 예전 색깔은 보라색이며, 파란색을 쓰기도 한다. 지구의 북반

구 지역에 있는 나라에 있어 대림절은 주로 일 년 중에 가장 어두운 절기에 시작된다. 그래서 대림절 4주가 지나가면서 빛은 점점 많아지며, 교회는 세상의 빛이신 예수님을 고대하게 된다. 최근 성탄절기에 많이 사용되는 고리 모양의 화환이 교회에서는 대림절기에 사용된다. 대림절이 한 주씩 진행됨에 따라 초를 하나씩 추가하게 되는데, 그것과 함께 사용하는 것이다. 대림절 기간 동안 캐럴이나 세속적인 성탄장식으로 예배 공간을 채우기보다 이 고리 모양의 화환과 초를 함께 활용하여 빛으로 오시는 예수님을 기다리는 것이 좋다.

세상의 문화는 대림절보다 앞서 상업적인 기간으로 성탄절을 축하하지만, 교회는 이러한 분위기를 거부해야 한다. 이른 새벽을 상징하는 파란색과 보라색은 우리가 다가올 빛을 기다리게 한다. 그리고 우리는 오시는 예수님의 현존을 축하하기 위해 모인다. 이렇게 교회가 예배로 모이는 것은 세상에 간절히 필요한 예수님을 통한 하나님의 구원의 언약과 성취의 증인으로 서는 것을 뜻한다. 성탄절은 내용이 비어 있는 형식적인 예전 행위만으로 축하하거나 대림절기가 생략된 상태에서 예배가 드려져서는 안 된다. 말씀봉독이 있고, 설교가 있고 찬양이 있고, 평화의 인사가 있고, 성찬의 감사와 나눔이 있어야 한다. 이러한 성탄의 축하는 세속 나라 속에서 일어나지 않고, 나라가 나라를 향하여 칼을 들지 않는 그러한 때(사 2:4)를 기다리는 세상 속에서 일어난다.[13] 즉, 대림절기 축하의 중심에는 세속적인 문화를 거부하는 반세속적인 문화가 있다.

세인트클라우드에 있는 베들레헴 루터 교회의 교역자들과 예배 인도자들의 주일 오전 스케줄은 매우 바쁘다. 스티브 쿡 목사는 이렇게 말한다. "주일 아침 일정은 거의 패닉 수준입니다. 모두들 엄청 바쁘죠. 숨 한 번 고를 시간이 없어요."

토요일 저녁예배부터 시작해서, 주일 오전에만 세 번의 주일예배가 드려진다. 게다가 각 예배마다 많은 예배 음악들이 준비된다. 그리고 예배 사이에는 성경공부가 진행된다. 특별히 대림절 기간 동안, 교역자들과 예배 인도자들은 조금도 긴장을 늦출 수가 없다. 페이첼 넬슨은 이렇게 말한다. "대림절에서 성탄절로 넘어가는 동안 모두 지쳐 가죠. 사실 이 기간은 평화를 기다리고 준비하는 시기여야 하는데도 말이에요."

그들은 성탄절까지 그들이 느끼는 스트레스를 줄이기 원했다. 더욱이 교회적인 시간을 지킨다는 것이 반세속적 문화를 지양해야 하는 것임을 알고 있는 그들로서는, 교회적인 시간에 대한 접근이 예배 안에 충분히 반영되기를 원했다. 몇 년 전에 이에 대한 진지한 토론을 한 후에 그들은 대림절 기간의 예배 시간에 침묵의 시간을 갖기로 하였다. 그들은 충분한 준비 기간을 보내고 난 뒤, 대림절 기간의 예배에서 침묵의 시간을 가졌고, 그 시간은 너무나 귀중한 시간이 되었다. 현대예배 인도자인 헨델 존슨은 말한다.

"예배 안에 반세속문화적 요소를 의도적으로 넣는 것은 회중의 생각에 도전을 주었죠. 그러한 시도를 할 만한 충분한 가치가 있었다고 생각합니다. 그런데 회중이 침묵에 참여하도록 하기 위해 어떻게 도와야 할지 쉽지 않았습니다."

대림절을 한 주 앞두고 디 페더슨 목사는 침묵의 시간에 어떻게 반응해야 하는지에 관해서 주보를 통해 설명했다. 평소에는 일반적으로 본당 로비와 본당 사이의 문을 열어 두는데, 대림절 기간에는 침묵의 시간을 위해 닫아 두었다. 회중은 침묵한 채 본당에 들어왔으며, 예배 시작을 알리는 벨소리를 제외하고는 예배 행진도 침묵으로 진행되었다. 예배 시작을 음악 없이 진행하는 것이 쉽지는 않았다. 일부 회중은 이러한 시도는 아

:: 베들레헴 루터 교회의 본당 로비와 사이의 문으로, 침묵을 위해 닫아 두었다. (Photo by author)

기는 데리고 들어오지 말라는 것처럼 들린다고 불평했지만, 절기의 후반부에 가서는 모두들 동의하며 참여했다.

　브랜다는 이렇게 말했다. "우리는 예배 안에서 좀 더 절제할 필요가 있어요. 회중은 예배 중 지속적으로 청각의 자극을 받습니다. 우리에게는 침묵 속에서 예배드리는 시간이 필요합니다." 이러한 경험을 통하여 베들레헴 루터 교회의 회중은 과거, 현재, 미래의 시간과 침묵의 시간을 예배 안에서 경험하였다.

　대림절이 성탄절을 기다리며 지키는 절기라면, 12일간의 성탄축제는 성탄절에서부터 주현절 사이에 지키는 것이다. 우리는 12일간의 성탄축제를 단지 노래로만 알고 있는 경우가 많다. (이제는 그나마 많이 즐겨 부르는 노래도 아니다.) 사실 이 기간을 준비하는 것도 많은 에너지를 요구한다. 만일 우리가 이 기간을 숙제하듯 하루 만에 준비하지 않고, 진심을 다하여 12일간 하루하루의 의미를 기억하고 즐긴다면 어떤 일이 일어날까?

만약 주현절인 1월 6일까지 예수님의 성육신을 충분히 묵상하고 시간을 보낸다면 어떤 일이 일어날까?

이 시기는 바로 본당이 빛의 장식으로 가득해지고 성가가 풍성하게 들리는 때이다. '성탄 성가의 밤'과 같은 행사가 이 시기에 적절하다. 하나님께서 열방에 생명을 주시기 위해서 성육신하여 오신 신비가 바로 우리 앞에 있는 것이다. 천사들의 평화 전파와 함께 그리스도가 태어나셨고, 그 사명이 함께 이 땅에 알려졌다. 그리고 우리는 12일간 그 주님의 오심을 기뻐하는 것이다. 12일 동안 이를 묵상하고 즐거워함은 전혀 모자라지 않다.

교회는 12일간 세상의 구원자로 오신 예수님을 찬양한다. 그리고 성탄절의 절기는 주현절로 연결되고 예수님은 세상에 그리스도의 영광 된 모습을 나타내신다. 성탄절이 인간의 몸을 입고 오신 그리스도의 첫 모습을 나타낸다면, '나타남' 혹은 '드러남'의 뜻을 갖는 주현절은 나사렛 예수님 안에 드러난 세상을 향한 하나님의 계시를 축하하는 것이다. 이러한 주현절 관련 행사 및 예배는 목자가 나타난 사건, 예수님의 세례, 예수님의 기적 이야기를 포함한다.

성탄절 이후 주현절까지는 흰색과 금색을 주된 절기색으로 사용하며, 시간이 지남에 따라 촛불과 조명을 활용하여 본당 안에 빛이 점점 풍성해지도록 한다. 이때 성탄절 장식은 그대로 유지되며, 주현절 전야 행사가 진행된다.

우리는 앞에서 이 시기 동안 터스틴 장로교회에서 장식하는 예배 공간에 관해 살펴보았다. 성탄절 예배장식은 특별히 더욱 풍성하게 하는데, 이는 축하 절기로서의 의도를 충분히 전달하기 위한 것이다.

∷ 터스틴 장로교회의 본당 성탄 장식(Photo by Helen Anderson)

부활의 절기 : 사순절, 부활절, 성령강림절

사순절, 부활절, 성령강림절을 포함하는 부활절 절기는 죽음의 재로부터 성령의 불로 나아가는 여정으로 묘사된다.[14] 이 절기의 핵심과 본질이 무엇인지 다시 한번 고려하고 부활절 절기의 큰 흐름이 어떻게 서로 조화를 이루고 통합을 이루어 가고 있는지 점검하는 것은 의미 있는 일이다.

6주간의 사순절, 부활절 이후 7주간, 그리고 성령강림절로 이어지는 이 절기에는 고난주간의 사건, 특히 십자가와 부활에 집중된 사건이 강조된다. 예수님의 부활을 고대하며 사순절을 지내고, 십자가를 통해 생명을 주신 승리의 사건을 기억하며 부활절을 축하하게 된다.[15]

사순절기는 부활절을 준비하는 절기로 시작한다. 특별히 세례를 받고자 하는 이들에게는 더욱 그러하다. 세례받는 자들의 이마에 기름으로 십자가 성호가 그어질 때, 우리는 각자의 세례를 기억하게 된다. 하지만 재의 수요일로 시작할 때, 십자가 성호는 기름이 아닌 재로 긋는다. "흙으로 왔으니, 흙으로 돌아갈지니라." 이어서 우리는 십자가를 통하여 우리의 정체성을 찾아가게 된다. 우리가 발견하게 되는 것은 우리는 주님의 품에 안긴 어린 양이며, 그리스도의 구원을 받은 죄인이라는 것이다.[16] 그리고 십자가에서 발견되는 은혜의 선물인 새 생명은 우리가 지금 이 순간을 믿음으로 살아가도록 인도한다.

사순절의 절기 색깔은 회개를 나타내는 보라색이다. 이 기간에 우리의 예전적 행동은 주로 우리의 삶을 경건하게 다시 정돈하여 성령님께서 우리 안에서 행하시도록 하고, 기도의 삶에 헌신하며, 섬기는 삶에 참여하는 것이다. 이 기간에 우리는 무엇이 주님을 따르는 삶인지에 대하여 다시 배우게 된다. 사순절기에 행하는 예전은 우리가 그동안 당연한 것으로 여겨 오던 것들을 하나둘씩 들추어 보게 한다.

사순절기의 예전은 우리가 스스로 세례의 물 가운데로 들어가게 하는데, 이때 이 자리는 단지 무덤의 자리가 아니라 생명의 자리임이 드러난다.[17] 세속적인 문화가 죽음을 거부하고 소비가 중심이 되는 문화임을 고려할 때, 스스로 죽음과 직면하는 문화, 즉 반세속적인 문화는 사순절 기간에 다시 등장하는 주제가 된다.

사순절이 시작되면 예배 공간 안에 절기를 상징하던 꽃들은 거의 사라진다. 리치몬드에 있는 성 스데반 성공회 교회는 이 시기에 평소에 사용하던 꽃 장식의 자리를 없앤다. 파머홀에서 함께 예배하는 어린이들과 가족들은 이 기간에 다양한 색의 꽃 대신 앙상한 나뭇가지로 그 자리를 채우는지에 대해 서로 이야기를 나누며 꽃 장식을 없애는 사역에 참여한다. 또한 그들은 엄숙한 분위기 안에서 예배 공간 안의 모든 벨을 치우고, 부활절까지 보이지 않게 한다.

고난주간에 포함된 종려주일 예배, 고난주일 예배, 목요 세족 예배, 성금요일 예배 등은 우리가 예수님의 고난을 더욱 깊이 묵상하게 한다. 성 스데반 교회의 고난주간 예배에는 어린아이를 포함한 모든 연령의 회중이 참여한다. 성금요일 예배 때는 교회의 모든 건물과 주변 공간을 활용하여 십자가를 따라 회중이 그리스도의 죽음의 사건을 기억하고 회상하게 하는데, 그 인도는 청소년들이 담당한다.

성 스데반 교회와 다른 많은 교회들에게 고난주간이 시작되는 주일은 종려주일 예배와 고난주일 예배가 있어 이중적인 성격을 내포한다. 예수님의 고난에 대하여 언급하지 않고 종려주일에서 부활주일로 진행하는 것은 예수님의 부활이 가진 깊은 의미를 퇴색시킬 수 있다. 종려주일에 호산나 퍼레이드와 함께 주님의 고난이 연결되고 대조될 때 예수님의 고난은 극대화될 수 있다. 고난주간의 주 중 예배나 행사에 참여하지 않는 회중에게 종려주일 예배와 고난주일 예배가 주는 이중적인 주제는 이 절기의 중요한 본질을 경험하게 도와준다.

초대교회에서 부활절기는 교회력 중 가장 정점에 해당되는 절기였다. 고난주간에 철야예배를 드리며, 초에 불을 붙이고, 구원에 관련된 말씀을 읽고, 세례식을 거행하고, 성만찬에 함께 참여하였다. 최근 몇 십 년 동안에 많은 교회들이 고난주간에 이어 부활절 예배로 나아가는 철야예배인 '부활절 비질'(The Easter Vigil)에 많은 관심을 보여 왔다.

:: 성 스데반 교회의 성 십자가와 함께하는 묵상 현장(Photo by Sarah Bartenstein)

성 스데반 교회도 많은 대화와 준비의 과정을 통해 드디어 부활절 비질을 도입하였다. 성만찬 빵과 포도주를 풍성하게 준비해 놓고, 초에 불을 붙이고, 하나님의 구원역사를 다시 들을 준비를 하였다. 할렐루야 영광송이 울려 퍼지고, 종이 울리며, 모든 회중은 예배 안에서 환영받고, 성찬에 참여한다. 죽음은 사라졌고 새 생명이 예수님의 부활과 함께 솟아 나왔다. 부활절은 단순히 죽은 사람이 무덤에서 살아난 기적의 이야기가 아니라 죽음을 다스리는 하나님의 능력을 축하하는 자리이다. 이러한 과정을 통하여 회중은 생명의 하나님을 자유롭게 예배하게 된다. 즉, 하나님의 뜻을 거부하는 세상의 모든 것들에 대해 거부하고, 하나님의 승리에 전적으로 순종하게 되는 것이다.[18]

부활절 후 성령강림절 이전까지의 절기 색깔은 다시 흰색과 금색이 되는데, 주로 미광이 나는 천을 활용하여 장식하게 된다. 부활절 후 50일의 기간을 지나는 동안 빈 무덤과 새 생명의 이야기가 선포된다. 빈 무덤은 성령님께서 우리 안에 다시 역사하실 새로운 빈 공간을 상징한다.

성령님의 임재로 시작하게 된 성령강림절은 예수님의 제자들이 세상 속에서 그리스도의 증인으로 변화되는 자리이다. 성령님의 능력 안에서 우리는 복음의 증인이 되어 세상에 그리스도로 인하여 세워진 새로운 역사를 전하게 된다. 처음부터 초대교회는 하나님의 위대한 역사를 세상의 길거리로 나가서 증언하였다. 작지만 성령님께서 임재하셔서 기존의 질서를 새롭게 세운 공동체였던 초대교회는 열방으로 나아가 성령님의 능력 안에서 새 역사를 쓰게 되었다. 성령님의 도우심 안에서 모든 것은 가능했다.[19]

성령강림절의 상징은 바람과 불과 붉은색이다. 다른 많은 교회들처럼 그리스도 장로교회는 이 절기에 모두 붉은색 옷을 입고 예배를 드리며, 본당 안은 붉은색 배너, 설교단과 성찬대 역시 붉은색 제대로 장식한다.

이것은 교회로 하여금 이웃을 사랑하고, 병자를 고치고, 아이들을 환영하고, 신앙에 대하여 새롭게 가르침을 주셨던 예수님을 상기시킨다. 그리고 동일한 영이 오늘날 교회에도 능력을 부어 주심을 인식시킨다.

사순절, 부활절, 성령강림절을 통한 증인이 되는 것은 성령 안에서 사는 삶을 회상하는 것이며, 예수 그리스도께서 삶과 죽음과 부활을 통하여 모든 인류에게 열어 놓으신 생명의 삶을 사는 것이다.

평상절 : 성장을 위한 절기

평상절 기간(ordinary season)은 성령강림절 후 대림절이 오기 전까지의 기간과 주현절이 지나고 사순절이 오기 전까지의 기간을 말한다. 비록 평상절이라는 단어가 '지루하거나 특별한 일이 없는'이라는 의미를 포함하고 있지만, 이것이 이 절기에 중요한 일이 일어나지 않았다는 뜻은 아니다. 이 기간 동안 주일예배의 말씀은 그리스도의 사역, 바울서신, 요한서신, 그리고 구약말씀에 집중되어 선포된다. 주일예배는 일반적인 예배 형태로 진행되며 주기도문, 영광송, 사도신경, 탄원 기도송, 할렐루야송, 성만찬 등이 포함된다. 성만찬의 시작은 "우리의 마음을 하나님께 올려드립시다."라는 말로 시작된다. "평상절 기간 동안 예배 안에는 그리스도의 죽음과 부활의 복음이 선포되고 새로운 창조와 새 생명을 기뻐하고 축하한다. 평상절 기간은 우리에게 모든 것을 새롭게 하시는 살아 계신 주님에 대한 증인 됨의 기회를 제공한다."[20] 이 시기의 색깔은 성장을 상징하는 녹색이다.

그러기에 평상절 기간은 일반적으로 말하는 특별한 일이 없는 일상적인 절기를 뜻하는 것이 아니다. 교회는 이 기간 가운데 특별하고 놀랄 만하며 삶을 변화시키는 하나님의 능력을 축하하고 반응한다. 우리가 절기를 지나면서 교회 환경, 예전적 행동과 말, 회중의 노래를 통해 시각적이고 청각적으로 예배를 경험할수록 하나님의 역사는 더욱 생생하게 드러난다.

절기마다 그 절기에 역사하시는 하나님의 계시와 구별된 핵심단어들이 분명하게 들릴수록, 그리스도의 구원의 메시지는 우리가 증인으로 서야 할 세상 앞에 더욱 잘 들리게 된다. 절기마다 드리는 예배는 교회의 이중사명을 잘 감당하도록 도와준다. 그것은 바로 교회와 회중이 하나님의 영광을 더욱 온전히 드러내는 것과 세상으로 하여금 하나님께 올려드리는 찬양에 참여하도록 초청하는 것이다.

고든 라스롭의 요약으로 이 장을 정리하고자 한다. 우리는 망각의 시대에 살아가고 있다. 하루가 지나가고 계절이 바뀌는 우주적인 리듬을 잊고 살아가며, 우리의 삶을 형성해 가는 중요한 사건들을 잊고 살아가고, 신앙공동체가 이 땅에 세워지게 된 역사와 구원사역을 잊고 살아간다. 주일예배는 이러한 망각의 시대에 맞서 격렬한 반세속적인 사건이 된다.

> 기독교인들은 한 주가 지나고, 새로운 주를 시작하는 아침에 주일예배를 드린다. 초대교회가 그렇게 시작되었다. 이러한 주일성수의 행동이 우리의 삶에 리듬을 부여해 준다. 우리는 다른 사람들과 함께 주일 예배에 참여하는 것만으로도, 망각의 시대에 끌려가지 않을 용기를 갖는다. 하나님과 만나는 시간에 참여함으로, 망각이 아닌 기억의 은혜로 들어간다. 우리는 이러한 경험을 통해 시간은 그 자체로 하나의 은혜의 패턴이 됨을 깨닫게 된다.[21]

교회력의 상징적인 언어는 교회로 하여금 하나님의 구원 역사를 이해하도록 도와주며, 그것이 최종적으로 성취하고자 하는 바를 알게 해 준다. 우리는 '시간'이라는 언어를 예배 안에서 인식하고, 이해하고, 읽어 내는 것을 배우게 된다. 그러므로 우리는 '시간'이라는 이 예배 언어를 바르게 인식할 때 세속적인 문화를 거부하고 거룩한 백성으로서의 정체성을 형성할 수 있게 된다. 우리는 예배 안에서 이러한 그리스도인으로서의 거룩함과 정체성을 배워 가고 경험하게 된다.

:: 대화를 위한 기준과 질문들 ::

아래에 있는 질문 중 자신의 교회에 중요한 사안들을 두세 개 정도 선택하여 대화를 나누어 보자.

:: 질문들(묘사 – 분석 – 상상 – 적용단계) ::

1. 기준 : 예배의 형식은 '모임예전', '말씀예전', '성찬예전', '파송예전'으로 구성된다. 이러한 네 가지 움직임의 형식은 해당하는 교회력 및 성서일과와 함께 병치됨으로 단순반복이 아닌 다양하고 지속적인 예배를 구성한다.

   1) 묘사단계 : 매주 예배가 동일한 부분은 무엇인가? 매 주일 예배는 교회력과 회중의 다양한 삶의 변화에 따라서 어떻게 새로워질 수 있는가? 예배의 패턴이 잘 구조화되었는가? 혹은 그렇지 않은가?

   2) 분석단계 : 예배 안의 반복적인 부분이 어떻게 예배에 안정감을 주는가? 예배 안의 변화되는 부분이 어떻게 예배를 새롭게 하는가? 예배의 형식이 복음을 잘 드러내도록 돕는가? 혹은 그렇지 않은가?

   3) 상상/적용단계 : 예배 형식 안에서의 어떠한 변화들이 예배를 더욱

잘 구조화되게 할 수 있는가? 교회력과 성서일과를 고려할 때 어떻게 예배를 새롭게 하고 지루함을 피할 수 있는가?

2. 기준 : 예배는 시간과 영원의 교차점에서 존재한다. 이것은 예배자 안에 경외와 놀람의 감각을 깨워 준다.

   1) 묘사단계 : 시간과 영원의 관점에서, 예배가 당신 안에 있는 하나님에 대한 경외와 놀람을 깨웠던 면이 있는가?

   2) 분석단계 : 어떠한 시간적인 관점들이 예배 안에서 하나님에 대한 경외와 놀라움을 불러일으키고 표현하게 하였는가?

   3) 상상/적용단계 : 어떻게 하면 예배가 회중으로 하여금 하나님에 대한 경외감과 놀라움을 좀 더 풍성하게 불러일으킬 수 있는가?

3. 기준 : 지나치게 예배의 제한된 시간에 쫓기다보면 예배가 왜곡된다.

   1) 묘사단계 : 예배 안에서 회중은 예배가 시간에 쫓기어 급히 진행되거나, 혹은 느릿하게 진행되고 있다는 것을 느꼈는가?

   2) 분석단계 : 어떻게 시간을 사용하면 예배 안에서 하나님의 임재를 인식하는 데 도움을 받을 수 있는가? 어떻게 시간을 사용하는 것이 하나님의 임재를 인식하는 데 있어 방해 요소였는가?

   3) 상상/적용단계 : 어떻게 시간을 사용하면 회중이 예배 안에서 하나님께 집중하도록 강화시킬 수 있는가?

4. 기준 : 대림절은 그리스도 오심에 대한 소망을 기억하고 다시 오실 주님을 고대하는 절기이다.[22]

   1) 묘사단계 : 대림절 관련 특별행사나 예배는 무엇이 있는가?

   2) 분석단계 : 대림절 관련 특별행사나 예배가 그리스도의 오심에 대한 소망을 기억하고, 다시 오실 주님을 고대하는 데 도움을 주는가? 혹시 그러한 행사들이 그리스도의 오심에 대한 소망을 기억하

고, 다시 오실 주님을 고대하는 데 도움이 되지 못하거나 제한한다면 그 이유는 무엇인가?

3) 상상/적용단계 : 어떻게 하면 대림절 관련 특별행사나 예배가 회중으로 하여금 다시 오실 주님에 대한 소망을 더욱 고대하게 도울 수 있는가?

5. 기준 : 성탄절은 그리스도의 탄생을 축하하는 절기이다.[23]

1) 묘사단계 : 회중은 성탄절을 어떻게 축하하는가?

2) 분석단계 : 성탄절 관련 행사나 예배들이 회중으로 하여금 그리스도 탄생의 기쁨에 참여하도록 어떻게 돕고 있는가?

3) 상상/적용단계 : 어떻게 하면 성탄절 행사나 예배가 더욱 그리스도의 탄생에 초점이 맞추어지게 할 수 있는가?

6. 기준 : 주현절은 주님을 통해 하나님께서 자기 자신을 모든 백성들에게 나타내심을 축하하는 날이다.[24]

1) 묘사단계 : 회중은 주현절을 어떻게 축하하는가?

2) 분석단계 : 주현절 관련 행사나 예배들이 주님을 통하여 모든 백성들에게 나타나신 하나님의 자기현현을 축하하는 데 어떤 도움을 주는가?

3) 상상/적용단계 : 어떻게 하면 주현절 행사나 예배가 더욱 하나님의 자기현현에 초점이 맞추어지게 할 수 있는가?

7. 기준 : 재의 수요일로 시작하는 사순절은 영적 훈련과 준비의 기간으로, 그리스도의 죽음과 부활을 고대하고 축하하는 절기이다.[25]

1) 묘사단계 : 회중은 어떻게 재의 수요일을 기념하며 보내는가? 회중은 사순절 기간에 어떠한 영적 실천을 경험하는가?

2) 분석단계 : 재의 수요일 관련 행사들이 회중으로 하여금 영적 훈련

의 시작을 하도록 어떻게 돕는가? 사순절 기간에 회중이 경험하는 영적 실천과 경험은 고난주간과 부활절을 준비하도록 어떻게 돕는가? 만일 사순절 기간에 경험하는 영적 실천과 경험이 회중으로 하여금 고난주간과 부활절을 잘 준비하도록 돕지 못하거나 제한한다면, 그 이유는 무엇인가?

3) 상상/적용단계 : 어떻게 하면 더욱 재의 수요일이 회중의 영적 훈련의 절기가 되게 할 수 있는가? 어떻게 하면 사순절 기간에 회중이 경험하는 영적 실천과 경험들이 회중으로 하여금 고난주간과 부활절을 더욱더 잘 준비하도록 도울 수 있는가?

8. 기준 : 고난주간은 예수 그리스도의 고난과 죽음을 기억하고 선포하는 절기이다.[26]

1) 묘사단계 : 회중은 고난주간에 어떠한 행사나 예배에 참여하는가?

2) 분석단계 : 고난주간의 행사나 예배가 어떻게 예수 그리스도의 고난과 죽음을 기억하고 선포하도록 돕는가? 만일 고난주간에 경험하는 행사나 예배 경험들이 회중으로 하여금 예수 그리스도의 고난과 죽음을 기억하고 선포하도록 돕지 못하거나 제한한다면, 그 이유는 무엇인가?

3) 상상/적용단계 : 어떻게 하면 고난주간에 회중이 경험하는 행사나 예배가 회중으로 하여금 예수 그리스도의 고난과 죽음을 더욱 기억하고 선포하도록 도울 수 있는가?

9. 기준 : 부활절은 주님께서 부활하신 날로, 주님이 다시 오실 때까지 주님의 사역을 기념하고 기뻐하는 날이다.[27]

1) 묘사단계 : 부활절과 부활절 후의 주일에 회중이 참여하는 행사나 예배는 무엇이 있는가?

2) 분석단계 : 부활절과 부활절 후 회중이 참여하는 행사나 예배가 어떻게 그들로 하여금 주님의 부활을 선포하게 하고, 이 절기 동안 지속적으로 기뻐하도록 돕는가? 만일 이 기간에 경험하는 행사나 예배 경험들이 회중으로 하여금 주님의 부활을 선포하는 것이나 이 절기 동안 지속적으로 기뻐하는 것을 돕지 못하거나 제한한다면, 그 이유는 무엇인가?

3) 상상/적용단계 : 어떻게 하면 부활절과 부활절 후 회중이 참여하는 행사나 예배가 회중으로 하여금 더욱 주님의 부활을 선명하게 선포하고, 이 절기 기간 동안 지속적으로 기뻐할 수 있도록 도울 수 있는가?

10. 기준 : 성령강림절은 교회에 임하신 성령님의 선물과 역사를 축하하는 날이다.[28]

1) 묘사단계 : 회중은 성령강림절에 어떠한 행사나 예배에 참여하는가?

2) 분석단계 : 성령강림절에 참여하는 행사나 예배가 회중으로 하여금 교회에 임하신 성령님의 선물과 역사를 축하하도록 어떻게 돕는가? 만일 성령강림절에 참여하는 행사나 예배 경험들이 회중으로 하여금 교회에 임하신 성령님의 선물과 역사를 축하하도록 돕지 못하거나 제한한다면, 그 이유는 무엇인가?

3) 상상/적용단계 : 어떻게 하면 성령강림절에 참여하는 행사나 예배 경험들이 회중으로 하여금 교회에 주시는 성령님의 선물과 역사에 좀 더 적극적으로 참여하도록 도울 수 있는가?

11. 기준 : 평상절기는 다른 절기들 사이에 위치하며, 일 년에 두 번 있다. 한 번은 주현절과 사순절 사이에, 또 한 번은 성령강림절과 대림절 사이에 있다. 이 절기의 핵심은 매 주일 드리는 주일예배이다.

1) 묘사단계 : 회중이 평상절 기간 동안 참여하는 영적 실천은 무엇인가?

2) 분석단계 : 평상절 기간 동안 참여하는 영적 실천은 회중으로 하여금 말씀과 성찬을 중심으로 드려지는 주일예배의 핵심에 집중하도록 어떻게 돕는가? 만약 평상절 기간 동안 참여하는 영적 실천이 회중으로 하여금 말씀과 성찬을 중심으로 드려지는 주일예배에 집중하도록 돕지 못한다면 그 이유는 무엇인가?

3) 상상/적용단계 : 어떻게 하면 평상절 기간에 참여하는 영적 실천이 회중으로 하여금 말씀과 성찬을 중심으로 드리는 주일예배에 더욱 집중하도록 도울 수 있는가?

미.주.

1) Laurence Hull Stookey, *Calendar : Christ's Time for the Church* (Nashville : Abingdon Press, 1996), 22, 29.
2) Ministry Unit on Theology and Worship, PC(USA), *Liturgical Year*, Supplemental Liturgical Resource 7 (Louisville, KY : Westminster / John Knox Press, 1991), 21.
3) Stookey, *Calendar*, 17.
4) 위의 책.
5) 위의 책, 19.
6) "Resources for the Liturgical Year," in *Companion to the Book of Common Worship*, ed. Peter C. Bower (Louisville, KY : Geneva Press and Office of Theology and Worship, PC〈USA〉, 2003), 84.

7) Lathrop, *Holy Things*, 10-11.
8) Saliers, *Worship Come to Its Senses*, 19.
9) 위의 책, 21.
10) For much of the material in this section, I am dependent on Peter C. Bower, *Companion to the Book of Common Worship*; and *Sundays and Seasons 2002* (Minneapolis : Augsburg Fortress, 2001).
11) F. Russell Mitman, *Worship in the Shape of Scripture* (Cleveland : Pilgrim Press, 2001), 10.
12) Bower, "Resources for the Liturgical Year," 93.
13) *Sundays and Seasons 2002*, 24.
14) 위의 책, 106.
15) 위의 책, 105-106.
16) See the prayer of commendation for the funeral service in PC(USA), *Book of Common Worship*, 925.
17) Bower, "Resources for the Liturgical Year," 110.
18) 위의 책, 107.
19) 위의 책, 118.
20) 위의 책, 146-147.
21) Lathrop, *Holy Things*, 111-112.
22) PC(USA), "Directory for Worship," W-3.2002.
23) 위의 책.
24) 위의 책.
25) 위의 책.
26) 위의 책.
27) 위의 책.
28) 위의 책.

Worship Matters

A Study for Congregations

종교언어는 생생한 은유와 비전 안에서 나오고 경이로움을 주며 공동체를 성장시킨다. 사실 믿는 자들은 그러한 종교언어가 하나님 안에서의 창조력으로부터 기인한다고 믿는다.[1]

- 게일 램쇼우

worship matters
chapter 07

하나님을 **찬양**하고 **선포함**: 예전적 언어

예배에 사용되는 단어, 문장, 이야기와 같은 예전적 언어는 예배의 모든 상징적인 언어들 중에서도 주의 깊게 다루어져야 할 가치를 갖고 있다. 이 예전적 언어는 우리로 하여금 예배 안에서 일어나는 사건을 규정하고 해석하도록 도와준다. 이 장에서 우리는 예배 안에서 예전적 언어가 사용되는 다양한 방법을 살펴보고자 한다.

베들레헴 루터 교회를 섬기는 스티브 쿡 목사는 스토리텔러다. 그가 전해 주는 성경 이야기는 생생하게 살아 있어 회중이 그 이야기에 깊이 들어가게 한다. 부활절 철야예배 때에 그는 모든 연령의 회중을 이 이야기 안으로 초대한다. 특별히 아이들은 더욱 그러하다. 이 예배 내 여러 본문의 말씀을 읽고 선포하는데, 이는 주로 구원에 관련된 이야기가 많다. 아이와 청소년, 그리고 장년들은 창조 이야기, 노아의 홍수 이야기, 모리아산의 이삭 이야기, 이스라엘 백성의 노예 이야기, 에스겔의 마른 뼈 이야기, 요나의 구원 이야기, 예수님의 죽음과 부활 이야기 등을 듣고 묵상하게 된다. 예배 안에서 성경말씀은 생명력을 얻어 회중이 하나님의 구원역사와 의도를 듣게 해 준다. 이러한 예배 안에서 회중은 이 이야기가 곧 자신의 이야기가 됨을 발견한다.

예배 안에서 사용되는 모든 예전적 단어는 성경 이야기에 그 뿌리를 둔다. 로날드 바이어스는 초신자들에게 있어서 예배는 "새로운 성서적 단어를 지속적으로 배워 가는 언어학교"라고 언급한다.

> 우리는 예배 안에서 '거룩', '회개', '이신칭의', '주 예수님' 등과 같은 단어를 다양한 상황을 배경으로 하여 듣고 사용함으로 그 뜻을 배운다. 우리는 말씀봉독을 통해서 이 단어들을 듣는다. 기도시간과 사도신경을 통해서도 사용한다. 찬양대의 찬양을 통해서도, 회중찬송과 시편찬송을 통해서도 듣는다. 설교자는 설교를 통하여 그 단어들의 의미를 연결하여 설명해 주고, 어떻게 이러한 성경적 이야기와 이미지가 세상과 연결되는지를 보여 준다. 우리는 이러한 반복을 통해 그 단어들의 뉘앙스를 배우게 된다. 이 과정을 통해 우리는 그 단어들을 사용하게 되며, 마침내 그 단어들은 우리가 더 큰 세상을 바라보고 이해하는 프레임이 된다.[2]

이러한 예전적 단어들은 길고 다양한 역사를 갖고 있다. 어느 시대에는 예배에서 예전적 언어가 사용되는 것이 제한되거나 축소되기도 했고, 심지어 금지된 적도 있었다. 그것이 우리에게 은혜, 구원, 거룩함 등과 같은 영적인 특별한 뉘앙스를 전하기 때문이다.

인지과학자들과 문화인류학자들은 언어가 우리의 인식과 생각을 형성한다는 것을 오랫동안 연구해 왔다. 언어를 통해 우리는 세상 속에서 우리의 경험을 표현하며, 이것을 통해 다시 세상을 인식하고 이해한다. 예를 들면, 알래스카에 사는 원주민들은 '눈'이라는 한 단어를 표현하는 여러 개의 언어를 갖고 있고, 아프리카 정글에 사는 원주민들은 '녹색'을 표현하는 여러 개의 언어를 갖고 있다. 이러한 관점에서, 하나님 만남의 경험을 묘사하고 표현하는 교회의 다양한 예전적 언어들은 마땅히 그 뜻과 의미가 바르게 이해되어야 한다.

그렇다면 이제 막 신앙을 갖기 시작한 이들은 예전적 단어의 뜻과 의미를 스스로 깨달아야 하는가? 그렇지 않다. 우리는 '복음주의'(evangelism)라고 하는 중요한 예전적 언어와 '기독교 예배'(Christian worship)의 관계를 보다 정확하게 이해할 필요가 있다. 존 웨스터호프의 "복음주의(evangelism), 복음화(evangelization), 신앙종교교육(catechesis)"이라는 논문은 우리가 복음주의와 예배의 구별을 명확히 하는 데 도움을 준다.[3]

웨스터호프에 따르면 그리스도인들은 매일의 만남 안에서 그리스도의 현존을 인식하여 교회를 그리스도가 드러나고 알려지는 장소로 여긴다. 이러한 관점에서 '복음주의'와 '복음화'와 '신앙종교교육'은 유사해 보이나, 교회 안에서 구별되어 이해되고 사용되어야 한다. 먼저, '복음주의'는 그리스도인들이 그들의 친구, 이웃, 가족과의 만남 속에서 그리스도의 현존을 인식하여 행하는 행위들을 말한다. '복음화'는 교회가 그리스도를 알리고 새신자에게 의도적으로 신앙언어들을 가르치는 것을 말한다. 마지막으로, '신앙종교교육'은 모든 그리스도인들이 배우고 경험하는 평생의 신앙 여정을 말한다.

이 여정을 통하여 그리스도인들은 교회의 예배, 기도, 정의와 자비의 사역 등에 참여하며 예수 그리스도를 더욱 닮아 가게 된다. 예배는 본질적으로 복음주의와 신앙종교교육을 모두 포함한다. 예배 안에서 복음을 한 번도 들어 보지 못한 자들에게 복음이 들리도록 선포되며, 예배에 참여하는 자들은 신앙적 삶으로 성숙해 간다. 여기에서 기억해야 할 것은 예배를 단지 전도나 교육을 목적으로 한 복음화(evangelization)의 도구로 이용해서는 안 된다는 것이다. 이에 관하여 마르바 던은 다음과 같이 말한다.

> 예배는 하나님과 하나님의 백성들 간의 사랑과 성장의 언어이다. 복음화는 하나님을 믿는 자와 믿지 않는 자들 사이에서 복음을 소개하는 언어이다. 이 두 가지는 예배 안에서 구별되어야 한다. 이것이 만일 우선순위 없이 섞여 버려서, 예배 위에 복음화의 부담과 책임을 얹어 놓으면 예배자들은 이웃을 돌보고 섬기는 책임을 잊어버리게 되고, 더 깊은 신앙과 삶의 변화를 뒷전으로 놓을 수 있으며, 궁극적으로 하나님께 마땅히 올려드려야 할 심오한 찬양을 놓치게 된다.[4]

교회에서 사용하는 신앙의 언어들을 마치 아기에게 말하듯이 쉬운 단어

:: 성 누가 루터 교회의 가족예배 중 아이들에게 설교하는 설교자(Photo by Mike Watson)

로 풀어서 알려 주는 것이 가능하다. 이럴 때 새신자들은 찬양을 좀 더 깊이 있게 할 수 있으며, 풍성한 신앙적 용어들을 이용하여 그리스도의 현존 앞에 자신을 개방할 수 있다.

파크 리지에 있는 성 누가 루터 교회의 예배에 사용되는 은유들과 성서 언어들은 깊이 있는 분별을 통하여 신중하게 사용된다. 기도, 찬양가사, 성경봉독은 하나의 창조적인 작업이 되어 주의 깊게 선별되고 연결된다.

가을에 드렸던 한 예배의 말씀은 잃어버린 동전의 비유 말씀이었다. 이때 기도, 회중 찬양, 찬양대 찬양, 응답 찬양이 모두 말씀의 비유와 연관되어 선별하여 드려졌다. 찬양대는 "나 같은 죄인 살리신"이라는 찬양을 감동적으로 드렸다. 7살짜리 그랜트의 엄마는 교회 스태프에게 이메일을 보냈다. 이메일 내용은 바로 그랜트가 아빠에게 한 말이었다. "아빠, 찬양대의 찬양 가사 중에 '잃었던 생명 찾았고'라는 고백은 오늘 말씀 중 잃어버린 동전을 찾은 이야기와 같아요." 그랜트는 예배 시간에 들은 찬양을

:: 성 누가 루터 교회의 오르간 반주와 찬양(Photo by Mike Watson)

듣고, 설교에 나오는 비유와 연결한 것이다. 이 이메일을 보고 나서 예배 인도자와 교역자들은 이러한 경험이 회중의 가정 안에서 좋은 신앙의 대화주제가 되고 있음을 보게 되었다. 예배 음악 담당자인 앤은 이러한 순간들이 바로 아이들이 함께 참여하는 예배가 주는 가장 기쁜 순간 중의 하나라고 말한다.

예배 안에서 신앙공동체의 언어는 그 자체로 형성적이다. 우리가 찬양과 회개와 중보적 기도를 통하여 하나님을 찾으며 표현하는 단어, 이미지, 은유가 바로 하나님과 우리 자신과 세상을 향한 비전을 형성하는 데 결정적인 영향을 미친다.

"무엇보다도 예배는 하나님께 찬양과 감사를 드리는 것이지만, 동시에 예배자들을 지속적으로 빚어 가며, 예배 인도자들로 하여금 하나님과 우주와 서로에 대하여 이해하도록 돕는다."[5]

예배는 느낌이나 인식으로 시작하기보다, 하나님의 부르심으로 하나님과 함께 시작하는 것이다. 아브라함, 모세, 마르다와 마리아, 나사로, 엠마오의 두 제자 모두 하나님의 부르심으로부터 시작하였다. 성경의 이야기가 당신의 이야기가 될 때까지 그 이야기로 삶을 산다면, 당신은 자신과 다른 사람을 다른 눈으로 보게 될 것이다. 이것에 대하여 바이어스는 다음과 같이 말한다.

> 신앙 안에서 성장하는 것은 세상을 보는 관점 역시 지속적으로 변화하는 것을 말한다. 오직 말씀에서 말하는 세상을 보는 눈을 갖는 것이다. 우리는 고린도후서 5:16을 기억한다. "그러므로 우리가 이제부터는 어떤 사람도 육신을 따라 알지 아니하노라 비록 우리가 그리스도도 육신을 따라 알았으나 이제부터는 그같이 알지 아니하노라"[6]

예전의 언어는 그 시작을 말씀에서 찾는다. 하나님과의 만남에 대한 말씀을 깊이 연구한 러셀 미트만은 이렇게 말한다. "성경말씀을 근거로 인용된 예전적 표현들은 사람들이 하나님의 위대하심 안으로 잠기도록 도와준다. 왜냐하면 그것이 성경이 말하는 것이기 때문이다. 예배는 반세속문화적 사건이다. 오직 하나님께 집중될 때 예배는 강력해지고 힘 있게 된다. 왜냐하면 하나님께서 예배를 이끄시기 때문이다."[7)]

바이어스의 책 「예배 안에 어떤 언어를 사용해야 하는가?」에서, 그는 말씀이 예전을 뚫고 지나가고 있음을 강력히 주장한다.

버지니아 리치몬드의 그리스도 루터 교회 오르간 반주자이자 찬양대 지휘자인 린다 키너는 말한다. "많은 사람들은 똑같은 찬양을 반복하면 지루해질 거라고 생각하지만, 실제로 그것이 도리어 사람들이 예배에 집중하도록 만들죠. 여기에 더불어 신체적인 움직임이 요구됩니다."

상가건물에 있는 네바다 스팍스의 스페니쉬 스프링스 장로교회의 장로인 린다 재즈딕은 교회의 예배가 매번 조금씩 다르게 드려지고 있다고 말한다. 이 교회의 예배는 전통적인 예배 순서를 따른다. 전통기도, 찬양, 많은 성경구절이 활용되는 예배이다. 그러나 같은 형식을 유지하면서도 실제로 회중이 조금씩 다른 예배를 드리고 있음을 느끼게 해 주는 이 예배는 그로 인하여 회중의 신앙이 더욱 깊어지도록 인도한다. 브루스 테일러 목사와 다른 예배 인도자들은 매 주일 예배가 말씀에 뿌리를 두고 있는 것이 그 핵심임을 말한다. 또한 교회에서 제공되는 소식지에는 예배에 관한 설명이 포함되어 있다.

분명히 하나님의 말씀이 예전적 언어의 가장 우선적인 시작점이 되지만, 예배는 또한 다른 언어를 필요로 한다. 각 교회의 회중에게는 각자의 역사, 유산, 삶에서 유래된 고유한 언어가 있다. 만일 교회가 이러한 회

:: 상가건물에 있는 스페니쉬 스프링스 장로교회 입구(Photo by Doug Ramseth)

중의 언어에 대하여 깊이 고려하여 준비하지 못하고 예배 안에 쓰이는 단어, 문장 및 언어만을 사용한다면, 이는 매우 근시안적 목회요, 회중이 깊이 참여할 수 없는 예배가 될 것이다.

미국장로교 예배모범은 예배를 위한 '진정성 있고, 적당한 언어'에 대하여 다음과 같이 설명한다.

예배 언어는 예수 그리스도 안에 계시는 하나님에 대한 성경적인 증언을 역사적이고 문화적으로 잘 반영해 줄 때 비로소 진정성을 갖는다. 또한 회중이 자신의 언어로 하나님께 찬양과 감사를 올려드릴 때 적절한 예배 언어가 된다. 본질적으로 적당한 예배 언어는 다음의 특징을 갖는다.
a. 이성적이기보다는 표현적이다.

b. 내용을 전달하고 묘사하는 것뿐만이 아니라 설득력이 있어야 한다.
　c. 순서뿐 아니라 열정도 이끌어 내야 한다.
　d. 회중 개인의 헌신뿐 아니라 회중 공동체 전체의 고백이 나오게 해야 한다.

이러한 관점에서, 적당한 예배 언어는 회중으로 하여금 기독교 전통 안에서 전수되어 온 성경적 진리를 바르게 이해하고 진정성 있게 고백하도록 돕는다. 그렇게 함으로써 교회는 전통적인 언어들을 존중함과 동시에 활용할 수 있게 된다. 그러나 교회는 적당한 예배 언어를 찾는 데 더욱 혁신적인 자세를 취해야 한다. 교회는 전통적으로 내려온 예배의 형태와 순서를 존중하지만, 동시에 각 시대마다 역사하시는 성령님의 인도하심 앞에 민감하고 자유롭게 반응하여 형태와 순서를 재구성할 수 있음을 반드시 기억해야 한다.[8]

즉, 형식과 자유, 전통과 창조적인 혁신 모두는 상호존중 되어야 하고, 회중이 하나님을 찬양하는 목적에 있어 파트너가 되어야 한다.

쓰이고 읽히기보다 선포되고 들리는 언어

제스처, 음악, 건축, 예술 등 인간이 의사소통하는 모든 언어들 중에서 가장 잘 전달하고 보존하는 언어 형태는 바로 문자이다. 문자는 순간의 언어를 기호나 그림으로 남기어 시간이 흘러가도 언어를 보존한다. 그러기에 우리는 문자를 통하여 시간과 장소를 뛰어넘어 대화할 수 있고, 우리와 다른 관점에 대하여 생각해 볼 수 있으며, 도전을 받고, 사고하고, 확장하기도 한다. 그러나 기록된 언어에는 유익한 점도 있지만 그만큼의 위험성이 있다. 기록된 언어는 그 언어가 쓰인 특수한 정황으로부터 분리되기에, 그 언어가 전달되던 본래의 의도에서 많이 벗어날 수 있다. 특히 예배에서는 더욱 그러하다.[9] 예배에 쓰이는 성경말씀과 전통 안에서 언어가 쓰인 당시의 상황을 고려하지 않는 것은 매우 위험하다.

예배 안에서 선포되고, 쓰이고, 읽히는 단어들은 공동체적인 상황으로부터 분리가 되면 매우 취약해지고 힘을 잃는다. 많은 교단들이 최근 수십 년에 걸쳐서 예전용 예식서를 발전시켜 왔다. 그 예식서들은 회중이 드리게 될 예배에 관한 많은 자료들을 포함하고 있지만, 이러한 예식서들 역시 다양한 예배 상황에 따른 추가 자원이 필요하다.[10] 예배는 주로 온전히 읽히는 말씀, 잘 준비된 기도, 정확하게 반복되는 교리적인 선언 등과 같이 언어에 관한 것으로 이해되어 왔지만, 더 이상 그렇게 이해되지 않는다.

오스딕은 이렇게 말한다. "예배 안에서 예전적인 언어들은 결코 회중의 상황과 분리되어 사용되지 않는다. 그것은 회중의 상황이 함께 연결될 때 그 의미가 바르게 이해된다."[11] 예배 안에서 사용되는 단어들은 예배를 위하여 기록되지만, 그 단어 자체를 읽는 것이 핵심은 아니다. 기록된 단어를 포함하여 예배에 사용되는 예전적인 단어의 핵심은 회중의 온전하고 의식적이고 적극적인 예배 참여이다. 우리가 보아 온 대로 활자화된 글들은 현재 사용하는 데에는 강점이 있지만, 지금의 상황을 벗어나게 되면 탈맥락화(Decontextualization)가 갖는 위험성을 함께 지닌다. 그러기에 활자화된 예전적 단어들이 예배 안에서 활용될 때에는 항상 지금 여기에서 예배드리는 회중의 상황과 연결되어야 한다.

말씀 봉독과 대표기도, 축도를 맡은 예배위원들은 예배에 참여하는 회중에게 절대적인 영향력을 끼치며 그 책임을 갖고 있다.[12] 그 책임은 오래전에 쓰인 성경말씀을 현재에 드러나도록 인도해야 하는 책임이다. 말씀이 읽힐 때 봉독하는 사람의 입에 생명이 임하는 것이다. 성경말씀과 대부분의 교단에서 쓰인 「예배・예식서」는 들리기 위해서 만들어졌다.[13] 다시 말하자면, 예배・예식 문서들은 근본적으로 잘 쓰인 글로써의 목적보다는, 말씀과 함께 예배의 현장에서 행해지고 들리기 위하여 작성된 것이다.

아무리 주의 깊게 선포되고 정확하게 전달될지라도 예배 안의 단어에 현재의 상황에 맞도록 생명을 넣어 주지 못하면, 예배는 결국 밋밋해지고 생명력을 잃게 되며 '예배 전체가 무관심과 중요하지 않은 자리'로 전락하고 만다.[14] 대부분의 교회에서는 예배 인도를 효과적으로 잘하는 예배 인도자들과 그들을 훈련하는 자원이 있다. 예배 안에서 하나님은 우리의 기

:: 성 누가 루터 교회 주일예배에서 인도하는 청소년 회중(Photo by Mike Watson)

도와 설교와 축도에 임재하시고 강력히 행하시어, 회중이 예수 그리스도를 따라서 성숙해 가도록 인도하신다. 예배 인도자의 역할은 바로 하나님의 현존과 행하심의 한복판으로 회중을 인도하는 것이다.

성 누가 루터 교회에는 예배 인도를 감당하는 평신도 사역자들이 있다. 그들은 회중기도문을 작성하기도 하고, 또 다른 예배 순서를 맡기도 한다. 이들에게는 이러한 예배 준비 과정 자체가 그들의 영적 형성의 여정이 된다. 부모님과 십대의 쌍둥이로 구성된 쉐퍼 가족은 예배를 인도하는 데 모두 참여한다고 말한다. "우리는 성경봉독과 성만찬에 예배위원으로 참여하죠." "가끔씩 예배행진을 할 때 십자가를 드는 역할을 하기도 합니다. 그러한 일은 우리에게 진정으로 영광스러운 자리입니다. 우리가 성경봉독을 할 때면 예배 이전에 충분히 말씀을 읽게 되어, 그 자체가 예배에 대한 좋은 준비가 됩니다." 이 교회에서는 아이들과 청소년들이 정기적으로 예배에 참여하는 것이 정례이며, 정기적으로 예배 인도까지 담당한다.

창조의 구원 이야기

기독교 이야기는 사건과 이에 수반되는 행동과 반응의 내러티브로서, 감정과 느낌이 함께 포함되어 있다. 비록 성경 안에 있는 많은 이야기들이 기독교 이야기를 구성하지만, 지구상에 있는 모든 족속을 구원하시기 위해서 선택받은 백성들과 만나시는 하나님의 오래되고 일관성 있는 이야기라고 할 수 있다. 바로 이 이야기는 예배 전체가 선포하고 집중해야 할 이야기이다. 그리스도를 중심으로 하는 이 이야기는 해마다, 절기마다, 다양성 안에서 선포된다.

여기에는 개정된 성서일과가 좋은 안내자가 된다. 인간과 함께하신 하나님께서 행하신 일들에 대한 이야기는 창조의 새벽부터 시작되어, 이스라엘 족장 이야기와 모세에 의해서 인도되었던 광야의 방랑과 선지자들에 의해서 선포되고 회복된 이야기로 이어지며, 마침내 예수 그리스도의 삶과 사역과 죽음과 부활 안에서 그 정점을 드러낸다.

"그리스도 안에 나타나신 하나님께서 예배를 받으시는 대상이며, 하나님으로 인하여 하나님과 인간의 만남이 시작된다. …… 인간은 하나님께서 말씀하실 것을 기대하며 하나님께로 나아오고, 예배 안에서 하나님의 역사를 경험할 것을 기대하며 나아온다. 예배 안에서의 거룩함을 향한 영적인 여정은 결국 보이지 않는 것에 의해서 만져지고, 인도된다."[15)]

이러한 기독교 이야기가 예배 안에서 전달되는 가장 일반적인 방법 중의 하나는 바로 은유이다. 예배 안에서 은유의 시작은 한 단어가 단순히 한 가지 의미만을 가리키지 않음을 인정하는 데서 시작한다. 단어는 단지 실재에 대한 명백한 묘사를 할 뿐 아니라 동시에 그 단어가 연결될 수 있는 많은 방법을 통해 새롭게 드러나는 의미를 다양하게 보여 줄 수 있다.

은유는 하나의 생각이나 이미지가 다른 것과 함께 연결될 때에 새로운 의미를 만들어 내고 우리의 인식을 밝게 비추어 준다. 오래된 무언가와 새로운 무언가를 함께 볼 때에 거기서 우리는 둘 다 새로워짐을 경험하게 된다. 예를 들어 교회가 "우리는 세례를 통하여 그리스도와 함께 장사되었다고 선포하고, 새로운 생명으로 부활하여 걷게 되었다."고 선포할 때, 이것은 우리가 일반적으로 말하는 문자적인 의미가 아니다. 그것은 하나의 은유로서, 세례와 그리스도의 죽음과 장사됨이 나란히 놓여짐으로 세례의 의미가 밝히 보이게 되는 것이다. "은유는 한 가지 의미만을 말해 주는 라벨이 아니다. 은유는 계시적인 방법으로 연결된다. 그것은 단순히 이미지나 거울에 비추어진 형상이 아니다. 그것은 전에는 한 번도 존재하지 않았던 비유가 형성되는 것이다. 은유를 통하여 전혀 다른 이미지들이 겹쳐 놓아짐으로써 우리의 인식은 수정된다."[16)]

예배는 의도적으로 많은 은유를 사용한다. 말씀에 뿌리를 둔 은유들은 예배 전체를 통하여 지속적으로 반복한다. 은유가 서로 잘 연결되고 디자인되고 실행될 때에 그 회중에게 새로운 비전을 전달하기에 매우 효과적이 된다. 시작 기도, 찬양, 성시교독, 설교 등에서 말씀을 뿌리로 연결하는 이미지가 반복적으로 잘 세워졌을 때 성경말씀의 메시지는 예전적 언어 안에 잘 스며들게 된다. 그래서 예배 인도 및 설교문을 작성할 때 예배의 주제와 은유는 서로 잘 엮어져, 예전적 언어가 풍성하게 되도록 해야 한다. "예배 안에서 모든 표현들은 서로가 서로에게 영향을 준다. 그래서 전체는 단순히 부분의 합이 아니라 그 이상이다."[17)] 그러기에 예배 안에 오래된 것들을 새로운 것들과 함께 두는 것, 익숙한 것과 익숙하지 않은 것을 함께 두는 것은 결국 둘 다 회중의 신앙을 깊게 하고, 계시적 통찰을 더욱 생생하게 만드는 길이 된다.

예전적 언어는 각 예배가 갖는 독특한 배경과 정황을 잘 고려해야 한다. 예배 안에서 상황을 고려하지 않고 함부로 사용되는 예전적 언어들은 회중으로 하여금 예배에 집중하기 어렵게 만든다. 그러기에 예배 안에 사용되는 언어들은 회중과 그들의 상태와 필요를 잘 파악해야 하며, 항상 양면을 모두 고려하여 선별되고 사용되어야 한다. 즉, 남자와 여자, 축하와 감사의 내용을 가지고 나온 사람과 슬픔에 잠겨 있는 사람, 가난하고 힘이 없는 자들과 재력이 있고 힘이 있는 자들, 아픈 사람과 건강한 사람 모두를 고려해야 한다.[18)]

회중은 말씀과 기도와 축도 등 정기적으로 예배 순서에 참여하면서 말씀에 근거한 이야기와 은유를 점점 더 알아 가게 된다. 그리고 우리는 그것들을 통하여 하나님의 구원의 신비를 보게 된다. 또한 교회는 회중에게 예전적 언어를 지도함으로 그들의 삶과 예배에 필요한 신앙교육을 지속적으로 제공해 줄 필요가 있다. 세례자를 후원하는 이, 목회자, 주일학교 교사, 기독교교육가, 중·고등부 리더들, 목회 전문 사역자, 찬양대 리더 등이 예전적 언어를 지도하는 역할을 감당할 수 있다.

예배에 사용되는 단어들은 서로 병치의 방법뿐만 아니라, 침묵과의 병치를 통해서도 예배 안에 합당하게 사용된다.

> 침묵은 예배 안에서 말하는 것과 파트너를 이루기도 한다. 금식과 절제의 경험 없이는 풍성하고 기쁜 잔치를 충분히 누리기 어렵듯, 성경말씀을 봉독하고 들린 말씀을 묵상하는 침묵의 시간도 필요하다. 성경말씀을 읽고 난 뒤 우리는 침묵의 시간을 통하여 그 말씀 가운데 들리는 천둥 같은 메아리를 들을 수 있다.[19]

침묵이 필요한 것은 단지 성경봉독 다음만이 아니다. 침묵은 예배의 시작과 끝에 놓일 수도 있고, 기도 중이나 설교 이후 등 상황에 따라서 있을 수도 있다. 베들레헴 루터 교회는 대림절 예배의 시작 부분을 침묵으로 사용하여 고요한 절기를 암시하고 알려 주었다. 침묵의 적당한 길이는 회중이나 예배의 상황에 따라서 달라질 수 있다.

설교에 쓰이는 언어

수백 년 동안, 개신교 전통에서 설교는 다른 예전적 언어에 비하여 우선순위로 여겨졌고, 특히 교리적인 가르침을 수반해 왔다. 청소년들에게 설교에 대하여 물어보면 너무나 당연하게 "설교는 지루해요."라고 답하는 것을 듣게 될 것이다. 16세기 이후로 설교는 상상력보다는 이성이 강조되고, 복음의 신비가 갖는 매력보다는 교리적인 정확성이 더욱 강조된 경향이 있다.

베리 쉐퍼드에 의해서 쓰인 「즐거움에 무슨 일이 일어났는가? : 시와 비유 안에서 드러난 복음 설교하기」라는 책에는 설교에 대한 저자의 탄식이 표현되어 있다. "왜 요즘에 선포되는 설교 안에는 진정한 기쁨이 빠져 있는가? 왜 진정한 아름다움이 빠져 있는가? 왜 보물찾기가 아니라 교리 설명서가 되어 버렸는가?"[20] 쉐퍼드는 설교가 논리적이 선언보다는 좀 더 상상적인 건설이 되어야 한다고 말한다.

> 설교는 이미지와 시와 사건과 장면과 삽화 등이 적절한 안내와 함께 잘 짜여 있는 증언이다. 이러한 상상적인 이미지들은 잘 만들어진 설득력 있는 결론을 전달하기보다는 경이, 놀람, 수치, 감탄과 신비, 그리고 모든 것 위에 은혜를 경험케 하기 위해 사용된다.[21]

이러한 설교에 대한 묘사는 예배 안에서 성서적인 은유가 갖는 핵심과 일치한다. 하늘을 항해하는 별처럼, 설교자는 그들이 갖고 있는 상황에 따라서 자유롭게 상상하고 설교를 창작하며, 하나님과 만남의 신비를 경험한다. 기도하고, 말씀을 연구하고, 준비하는 시간과 공간을 충분히 가질 때 그들은 성령님의 창조적인 인도하심을 신뢰하며 설교에 참여하게 된다.

크레이그 세틀러는 설교자들에게 다음과 같이 권면한다. "설교자는 설교를 주님으로부터 온 말씀으로 신뢰하고 받아들여야 한다. 설교를 신뢰한다는 것은 하나님께서 회중에게 설교를 통하여 말씀하시는 것을 담대하게 말하는 것이며, 설교 안에서 회중이 들어야 하고 경험해야 하는 것은 새로운 생명으로 이끄는 하나님의 능력이다."[22] 미트만은 설교에 관하여 유사한 선언을 한다. "오늘날 교회가 갖는 설교와 예배에 관한 책무가 있다. 비록 설교와 예배는 인간의 말과 행동이지만 설교와 예배를 통하여 보이고 들리는 것은 하나님의 말씀이신 예수 그리스도이시다."[23]

버지니아 리치몬드에 있는 성 스데반 성공회 교회는 파머홀에서 온 가족들이 함께 예배를 드린다. 예배는 전체적으로 아이들을 고려하여 디자인되고 진행되지만, 설교는 어른들이 듣기에 낮은 수준이 아니다. 예배를 담당하는 베티 타이슨은 설교가 회중을 진정으로 감화시킨다고 말한다. "아이들의 부모님들은 종종 그들이 들은 설교에 대하여 다시 나누고 묵상하는 일을 멈출 수가 없다고 이야기합니다."

오랫동안 예배 인도와 설교를 담당해 왔던 이들은 종종 그들의 역할 중에 '투명성'이 매우 필요함을 강조한다. 여기서 투명성이란 예배와 설교를 위해 기도하고, 준비하고, 점검하는 것을 말한다. 이러한 과정을 통하여 비로소 예배와 설교를 실행할 준비가 되는 것이다. 설교자와 예배 인도자들은 종종 말한다. "하나님의 현존과 역사하심을 분별하는 것은 내가 아니라 회중입니다." 설교자와 예배 인도자는 그들 자신이 아니라 그들이 행하는 인도와 설교를 통하여 회중을 섬긴다. 열정적이면서도 정숙하고, 잘 준비된 예배 인도는 하나님과의 만남의 자리를 창조하고, 회중으로 하여금 그 자리로 나아가게 인도한다.

예전적 언어와 설교의 언어가 바로 이러한 예배 인도자들의 책무를 지원한다. 예전적 언어가 준비 없는 말투나 오래되고 형식적인 언어가 되어서는 안 된다. 예전적 언어는 성서적인 이미지와 은유가 풍성해야 하되, 회중을 예배 안으로 이끌고, 예배를 통한 비전을 보여 주어야 한다. 예전적 언어는 냉장고 문에 붙어 있는 카드나 대리석에 새겨진 유명한 말들과 같은 딱딱하고 형식적인 언어가 아니다. 예전적 언어들은 예배 안에서 서로 병치됨을 통하여 상상적이고 창조적으로 변화한다.

쉐퍼드는 예전적 언어들을 병치하는 과정에 대하여 다음과 같이 강조한다. "예전적 언어는 함부로 다루어서는 안 된다. 각 언어가 가지고 있는 특별함을 귀중히 여겨야 하며, 예전적 언어를 사용함에 적절한 단어 혹은 더 나은 단어를 확인해야 한다. 예전적 언어는 획일성보다는 다양함을 인정하고 활용해야 하며, 한 가지 방법을 넘어서 다양한 방법을 통하여 사용되어야 한다."[24] 이와 관련하여 쉐퍼드는 상상력을 통하여 인간에게 주신 하나님의 창조성을 강조하며, 우리가 하나님의 이미지를 상기할 것을 권면한다. 하나님의 형상으로 창조된 우리는 상상력을 통해 예배 안에서의 언어를 보다 생생하고 창조적으로 표현할 수 있다.

회중의 언어

당신은 주일 오전 어느 교회의 예배에 참석하든 많은 언어가 담긴 주보를 받게 될 것이다. 이 주보에는 예배 인도자가 담당하는 부분과 회중이 담당하는 부분이 모두 포함되어 있다. 예배 인도자의 역할은 분명히 중요하다. 그러나 동시에 회중이 담당하는 부분 역시 매우 중요하다. 나는 잘 준비된 「예배·예식서」가 제공되는 가톨릭이나 루터교, 성공회 교단 등을 부러워했다. 하지만 교단으로부터 제공되는 잘 준비된 「예배·예식서」라고 할지라도 예배의 실천이 수반되어야 한다. 제공된 「예배·예식서」 위에 추가적으로 성시교독, 고백의 기도, 심지어는 사도신경까지도 새롭게 작성되는 경우도 있다.

나는 이러한 것들이 매주 드리는 예배의 주제에 해당하는 이미지와 은유, 그리고 예배의 전체적인 흐름과 통합되어 매주의 예배를 새롭게 해 준다고 믿는다. 하지만 로날드 바이어스가 말한 대로 새로움이 만병통치약은 아니다. 새롭게 작성되는 성시교독이나 기도가 회중이 예배를 온전하고 의식적이며 적극적으로 참여하게 돕기보다 적힌 글을 읽는 데 집중하게 할 수도 있다. 그러므로 우리는 종종 새로운 문장을 말하고 듣는 것을 제한해야 하는 경우도 있다.

우리가 살펴본 대로 단어는 형성적이다. 특별히 회중의 단어는 회중의 신앙을 형성시킨다. 그러기에 새로운 것과 익숙한 것 사이의 적절한 균형은 회중이 새로운 통찰을 갖게 하며, 동시에 더 깊은 수준의 예배 참여로 들어가게 한다.

교회 안에서 진리를 말하기

최근 당신은 예배 안에서의 간증을 들어 보았는가? 나는 중·고등부의 청소년이 주관하는 예배에서 이것을 종종 경험한다. 청소년들은 예배를 주관할 때 단기선교나 다른 활동을 통하여 경험한 신앙고백을 나눈다. 이것은 일반적인 상황에서 회중의 간증을 예배 시간에 듣는 경우는 거의 없다는 말이다.

그리스도 연합 교회의 릴리안 다니엘 목사는 그의 책 「있는 그대로 말하기 : 간증 회복하기」에서 어떻게 회중이 경험한 신앙 이야기를 교회 안에서 나누도록 인도했는지를 이야기한다. 그녀는 "우리 교회는 간증을 통해서 그간 드러나지 않았던 하나님의 아름다운 역사에 관해 나눈다."고 말한다.[25] 이와 유사한 책에서 토머스 롱은 도로시 데이를 인용하며 다음과 같이 말한다. "만일 내가 내 삶 속에서 무언가를 성취하였다면, 그것은 내가 하나님에 대하여 말하기를 주저하지 않았기 때문이다."[26]

간증은 하나님의 백성이 그들의 삶 속에 역사하신 하나님의 말씀을 힘있게 증언하는 자리이다. 그리스도인은 자신의 이야기를 말하면서 서로를 알아 가며, 서로 안에서 일어나는 변화를 체험한다. 간증자들은 신앙에 대한 스스로의 변화와 이해를 반추하고 분명히 하게 된다. 다니엘은 "간증을 하는 것은 예배 안에서 창조적인 열정을 불어넣을 뿐만 아니라 커피 마시며 대화하는 시간에도 하나님의 역사에 대하여 이야기를 나누는 계기를 마련해 준다. 간증을 통해서 우리는 서로를 잘 알아 가게 되고, 신앙의 새로운 이야기를 들으며, 말씀에 의해서 새롭게 깨어나기도 한다."[27]고 말했다.

노스캐롤라이나 랠리에 있는 페어몬트 연합 감리교회는 매 주일 저녁예배 때 간증의 시간을 정기적으로 갖는다. 이 시간은 15개의 알코올의존증 환자 회복 모임을 섬기는 회중에 의해 주도된다. 그들은 주일 저녁예배를 '생방송 주일 저녁'이라고 부른다. 이 저녁예배는 성서적이며, 음악이 있고, 감동적이고, 친근하고, 회복이 있으며, 열정적이고, 무엇보다도 누구든 교회에 들어와서 재미를 느낄 수 있다는 것이 특징이다. 교회 버스로 알코올의존증 회복 프로그램에 참여하는 이들을 예배로 데려오며, 본당은 회중과 알코올의존증 회복 프로그램의 참여자들로 채워진다. 예배는 회중기도, 성경봉독, 간증, 그리고 찬양으로 이어진다. 예배로 모인 자들, 특히 회복을 목표로 모인 자들은 그들에게 주신 하나님의 복과 회복에 관해 나눈다. 간증의 시간에는 고백뿐 아니라 찬양과 기도가 포함된다.

각 회중은 언제, 어떻게 예배 안에서 간증할지에 대하여 스스로 결정한다. 특별한 절기에 참여할 수도 있고, 단기선교와 같은 특별한 이벤트에 관련된 예배 시간에 참여할 수도 있다. 어떠한 형식으로 간증을 하든지,

간증의 가치는 회중에게 그들의 삶과 세상 속에서 역사하시는 크신 하나님에 대해 전하는 것이다.

예배의 단어들은 예배 안에서 드려지는 행동을 지원해 주고, 더욱 강화시켜 준다. 그러므로 예전적 언어는 하나님을 찬양하는 단어와 조화를 이루도록 돕는다. 이러한 예전적 언어에는 말씀, 찬송, 기도, 성시교독, 사도신경 등이 포함된다. 예전적 언어가 준비된 예배 공간 안에서 이루어지는 예배의 행동과 잘 통합될 때, 회중은 예전적 단어들을 통하여 그 공동체가 그리스도의 몸으로 형성되어 가는 것을 깨달을 수 있다. 이러한 은유적이고 상징적인 예전적 언어의 능력은 신실한 기독교 예배에 반드시 필요하다. 그러므로 우리는 회중이 정확한 시간에 정확한 단어를 사용할 수 있도록 합당한 예전적 언어를 분별하고 사용해야 한다. 이를 위해서 우리에게는 상상력과 창의력이 요구된다.

:: 대화를 위한 기준과 질문들 ::

아래에 있는 질문 중 자신의 교회에 중요한 사안들을 두세 개 정도 선택하여 대화를 나누어 보자.

:: 질문들(묘사 – 분석 – 상상 – 적용단계) ::

1. 기준 : 교회는 지속적으로 성서적인 용어들을 발전시켜 나가야 한다. 그리하여 소중한 용어와 이미지들을 확장시키고 회중이 삼위일체 하나님을 온전히 선포할 수 있도록 도와야 한다.[28]

   1) 묘사단계 : 예배 안에서 어떻게 성서적인 용어가 사용되었는가?

   2) 분석단계 : 성서적인 용어가 기도와 설교와 성경봉독 중 하나님의 온전하심을 선포하는 데 어떤 도움을 주었는가? 만일 그렇지 못했

다면 그 이유는 무엇인가?

   3) 상상/적용단계 : 어떻게 하면 성서적인 용어와 이미지가 회중의 예배 안에서 좀 더 온전히 드러나도록 도울 수 있는가?

2. 기준 : 예배 공동체는 예배 중 자신들의 언어로 하나님을 찬양하고 감사할 수 있어야 한다.

   1) 묘사단계 : 회중 공동체의 모국어는 무엇인가? 특별히 어떤 단어, 문장, 이야기가 당신이 속한 회중에게 중요하며, 지속적으로 반복되고 있는가?

   2) 분석단계 : 이러한 단어, 문장, 이야기가 어떻게 회중의 영적생활을 형성하고 있는가?

   3) 상상/적용단계 : 어떻게 하면 회중의 모국어가 예배 안에서 강화될 수 있으며, 효과적으로 사용될 수 있는가?

3. 기준 : 예배 언어는 본질적으로 논리적이라기보다는 표현적이다. 또한 예배 언어는 순서(order)뿐 아니라 열정(ardor)을 창조한다.[29]

   1) 묘사단계 : 예배에 쓰인 언어 중에서 논리적인 언어의 특징은 무엇인가? 표현적인 언어의 특징은 무엇인가? 이 두 언어 간의 관계는 어떠하였는가?

   2) 분석단계 : 예배에 쓰였던 언어가 예배에 참여하고 있는 회중의 지성에 영향을 끼쳤는가? 그 언어는 무엇이고 영향을 끼친 내용은 무엇인가? 혹은 감성에 어떠한 영향을 끼쳤는가?

   3) 상상/적용단계 : 어떻게 하면 예배 안에서 표현적인 언어와 논리적인 언어 간의 이상적인 균형을 이룰 수 있는가?

4. 기준 : 예배 안에서 언어와 행동은 조화를 이루어야 한다.

   1) 묘사단계 : 예배 안에서 언어와 행동 간의 관계는 어떠했는가?

2) 분석단계 : 예배 안에서 어떠한 언어와 행동이 조화를 이루었는가? 혹은 모순이 되었는가?

3) 상상/적용단계 : 어떻게 하면 예배 안에서 언어와 행동 간에 좀 더 조화를 이루게 할 수 있는가?

5. 기준 : 설교에는 회중의 상황이 반영되어야 한다.

1) 묘사단계 : 설교에 회중의 독특하고 특수한 상황이 반영되었는가?

2) 분석단계 : 회중의 상황이 반영된 설교의 어떠한 면이 회중으로 하여금 형성적인 예배를 경험하도록 도움을 주는가?

3) 상상/적용단계 : 어떻게 하면 설교가 좀 더 본질적으로 회중의 상황을 깊이 다룰 수 있는가?

6. 기준 : 설교는 명료성과 단순성을 가지고 복음이 쉽게 이해되도록 해야 한다.

1) 묘사단계 : 설교에 쓰인 단어들을 기술하여 보라.

2) 분석단계 : 설교에 쓰인 단어들 중에서 어떠한 단어들이 회중에게 복음을 잘 드러내게 하였는가? 혹은 그렇지 못하였는가?

3) 상상/적용단계 : 설교가 회중에게 복음을 좀 더 잘 드러내게 하기 위하여 어떠한 방법을 취할 수 있는가?

7. 기준 : 간증은 예배 안에 다양한 신앙의 이야기들을 들을 수 있는 기회를 제공한다.

1) 묘사단계 : 당신의 교회에서 간증을 들을 수 있는 기회는 언제인가?

2) 분석단계 : 이러한 간증 기회들이 어떻게 회중이 신앙적 삶을 살아가는 데 영향을 끼치는가?

3) 상상/적용단계 : 어떻게 하면 예배 안에서 정기적인 간증을 듣는 기회를 가질 수 있는가?

미주.

1) Gail Ramshaw, *God beyond Gender : Feminist Christian God-Language* (Minneapolis : Fortress Press, 1995), 6.
2) Ronald P. Byars, *What Language Shall I Borrow? The Bible and Christian Worship* (Grand Rapids : Wm. B. Eerdmans Pub. Co., 2008), 5.
3) John H. Westerhoff, "Evangelism, Evangelization, and Catechesis : Defining Terms and Making the Case for Evangelization," *Call to Worship : Liturgy, Music, Preaching, and the Arts* 36 (2002-3) : 5-14.
4) Marva A. Dawn, *A Royal Waste of Time : The Splendor of Worshiping God and Being Church for the World* (Grand Rapids : Wm. B. Eerdmans Pub. Co., 1999), 124.
5) Byars, *What Language Shall I Borrow?* xvi.
6) 위의 책, xvii.
7) Mitman, *Worship in the Shape of Scripture*, 89. 미트만은 하나님의 선한 이 끄심과 예배 안에서 사용되는 현대적 문화를 다음과 같이 대조하여 설명한다. "인간의 선호도에 따라서 좌지우지되는 예배 말고, 오직 하나님의 자기 계시에 의하여 형성된 예배 사건 안의 진정한 의미는 문화 자체가 품고 있지 않음을 알게 해준다. 문화에 지속적으로 의존하여 왔던 사람들은 이러한 예배 안에서 그간 반복해서 들어 왔던 오래된 이야기가 자신들의 졸린 잠을 일깨우고 그리스도의 몸을 다시 소생시킴을 발견하게 될 것이다."
8) PC(USA), Directory for Worship, W-1.2005.
9) Ostdiek, *Catechesis for Liturgy*, 156.
10) See Anderson, ed., *Worship Matters*, 2 vols. ; Laurence Hull Stookey, *Let the Whole Church Say Amen! A Guide for Those Who Pray in Public* (Nashville : Abingdon Press, 2001) ; Bower, *Companion to the Book of Common Worship* ; Craig Alan Satterlee, *Presiding in the Assembly : A Worship Handbook* (Minneapolis : Augsburg Fortress, 2003).
11) Ostdiek, *Catechesis for Liturgy*, 151.

12) William Sydnor, *Your Voice, God's Word : Reading the Bible in Church* (Harrisburg, PA : Morehouse Publishing, 1988), ix.
13) Ostdiek, *Catechesis for Liturgy*, 157.
14) Fred B. Craddock, *Overhearing the Gospel* (Neshville : Abingdon Press, 1978), 13.
15) Mitman, *Worship in the Shape of Scripture*, 56.
16) Gail Ramshaw, *Christ in Sacred Speech : The Meaning of Liturgical Language* (Philadelphia : Fortress Press, 1986), 7-8.
17) Mitman, *Worship in the Shape of Scripture*, 52.
18) See Stookey, *Let the Whole Church Say Amen!* See esp. "Exercise 13 : Helping All to Feel Included."
19) Grant S. White, "The Work of Reading the Word in Public Worship," in Anderson, *Worship Matters*, 2 : 26.
20) J. Barrie Shepherd, *Whatever Happened to Delight? Preaching the Gospel in Poetry and Parables* (Louisville, KY : Westminster John Knox Press, 2006), 3.
21) 위의 책, 61.
22) Craig Alan Satterlee, *When God Speaks through Change : Preaching in Times of Congregational Transition* (Herndon, VA : Alban Institute, 2005), 22.
23) Mitman, *Worship in the Shape of Scripture*, 56.
24) Shepherd, *Whatever Happened to Delight?* 78.
25) Lillian Daniel, *Tell It Like It Is : Reclaiming the Practice of Testimony* (Herndon, VA : Alban Institute, 2006), xiv.
26) Thomas G. Long, *Testimony : Talking Ourselves into Being Christian* (San Francisco : Jossey-Bass, 2004), xvii.
27) Daniel, *Tell It Like It Is*, 153.
28) ELCA, *Principles for Worship*, 12.
29) PC(USA), *Directory for Worship*, W-1. 2005.

또 여호와께서 모세에게 이르시되…… 그러므로 이제 너희는 이 노래를 써서 이스라엘 자손들에게 가르쳐 그들의 입으로 부르게 하여 이 노래로 나를 위하여 이스라엘 자손들에게 증거가 되게 하라
-신명기 31 : 16, 19

교회는 찬양하기 위하여 탄생되었다. 모든 선한 찬양 안에서 우리는 결코 혼자가 아니다. 역사를 뛰어넘어 우리는 모든 창조물과 연합되고 우리의 형제자매와 연합된다.[1]
-도널드 E. 세일러스

worship
matters
chapter 08

목소리를 높여라:
예배 음악

　음악이야말로 모든 상징적 예배 언어 중에서도 단연 상징적이라고 할 수 있다. 예배 안의 음악은 우리의 마음에 평정을 주며, 우리의 생각을 깨끗이 해 주고, 우리로 하여금 교회가 그리스도 안에서 나누는 생명에 더 깊이 집중하도록 도와준다. 이제, 마지막으로 상징적 예배 언어로서의 음악에 대하여 다루어 보고자 한다.

　스티브 히클 목사님은 매 주일 저녁마다 랠리에 있는 페어마운트 연합 감리교회에서 트럼펫을 연주한다. 알코올의존증 회복 프로그램에 참여하는 이들이 예배당에 들어오면서 찬양은 시작되고, 소년들이 따라 부른다. 그들의 찬양과 회개, 중보적 기도가 찬양과 함께 올려질 때, 회중은 이 시간이 하나님의 임재 안에서 일어나는 축복의 시간임을 인식하게 된다. 회중은 그들이 함께 부르는 이 찬양을 통하여 그들의 삶이 풍성해지며, 서로 간에 영적인 지원을 받고 있다는 것을 발견한다.

　오늘날 교회 예배에 관한 대부분의 책과 논문은 공통적으로 제2차 바티

칸 공의회에서 나온 한 가지 중요한 문장을 인용한다. 모든 예배자들은 예배 안에서 "온전하고, 의식적이고, 적극적인 참여자가 되어야 한다."는 것이다.[2] 이를 위한 가장 주요한 방편 중의 하나가 바로 회중찬양이다.

복음주의 루터교의 「예배 원리」는 이것에 대하여 분명히 선언하고 있다. "교회 안에서 예배 찬양을 위한 가장 주요한 악기는 목소리다. 그것은 하나님을 찬양하고, 하나님의 말씀을 선포하라고 하나님께서 주신 것이다."[3] 그리고 "회중이 바로 주된 앙상블이며, 그 회중이 부르는 노래는 예배 안에 있는 모든 음악의 핵심이다."[4] 노래는 인간의 자연스러운 행동이며, 삶의 경험에서 나오는 자연스러운 반응이다. 우리의 호흡이 들어가고 나옴으로, 심장박동의 리듬과 함께 손뼉을 치고 발을 구르며 몸으로 행하는 것이다. 음악은 우리의 호흡과 함께 우리의 몸이 참여하는 자리이다. 우리는 부모, 형제, 가족과 같은 사회적인 관계 안에서 태어났는데, 이러한 세계 안에서 음악은 어디를 가나 공동체적이고 사회적인 행동이 된다.

우리는 목소리를 사용하여 깊은 기쁨과 갈망을 음악으로 표현한다. 수산 랭거는 음악이 비언어적 요소이기 때문에 인간 감정을 표현하는 데 매우 특별한 매개체가 된다고 주장한다.[5] 그녀는 음악은 마치 감정을 느끼는 것처럼 들린다고 말한다. 이와 관련하여 도널드 세일러스는 다음과 같이 말한다.

> 사람들이 열정을 가지고 빠른 속도로 말을 한다 해도 결국 그들은 노래라는 형태를 통해 마무리를 짓는다. 우리의 언어들이 단순히 정보만을 제공하는 것을 넘어서 사용될 때, 우리는 비로소 노래라는 문턱을 넘게 된다. 우리의 삶이 깊이 묵상되고 인식될 때, 음악은 음의 고저와 리듬과 강도, 가사와 하모니를 통하여 우리의 경험된 세상의 형식에 형태와 목소리를 부

여한다. 우리 삶에 있던 긴장과 해답과 분위기와 확신과 즐거움은 소리의 형식으로 변환된다. 사랑과 죽음의 깊은 신비도, 상실과 생명의 회복도 마찬가지다. 그리하여 살아온 삶을 함께 노래로 부르는 것은 소리와 함께 우리의 마음과 생각을 묶는 과정이 된다.[6]

이는 음악이 우리의 전인격과 관련되어 있기 때문이다. 즉, 몸과 영혼, 마음과 정신, 개인과 공동체가 음악을 통하여 함께 노래 부르는 것이다. 주요 앙상블로써의 회중의 목소리와 예배음악은 우리를 하나님의 현존으로 인도한다.

여기에 우리는 공동체적으로 참여한다. 세일러스에 따르면, 음악에 의해 영향을 받는 예배 참여에는 세 가지 수준이 있다.[7]

첫 번째 수준의 참여는 기본적인 참여로써, 회중이 하는 모든 것을 하는 것이다. 앉고, 서고, 노래하고, 읽고, 기도하고, 예전에 참여하는 것이다. 이것은 "시각적으로, 음악적으로, 구술적으로, 공동체적으로, 또한 제스처로, 움직임으로, 춤으로, 침묵으로 참여하는 것을 포함한다".[8] 회중이 이렇게 첫 번째 수준의 참여에 더욱 적극적으로 임할수록, 다음 두 차원의 수준에 더욱 적극적으로 참여할 수 있게 된다.

두 번째 수준의 참여는 교회로서 참여하는 것이다. 여기서 교회란 그리스도 이름 안에서 서로 형제요 자매로 부름받은 자들의 모임을 말한다. 일반적인 사회 모임은 동질적인 사람들, 같은 가치와 세계관과 삶의 스타일을 함께 공유하는 사람들로 이루어진다. 그러나 예배 안에서 모인 자들은 하나님에 의해서 과거, 현재, 미래로 부름을 받은 자들이다.

우리는 일반적으로 우리가 잘 아는 사람들 또는 편한 사람들과 모인다.

그러나 복음은 계속하여 이미 지나간 사람들과도, 아직 태어나지 않은 사람들과도, 가난한 사람들과도, 우리와 많이 다른 사람들과도 한 공동체가 되라고 우리를 부르고 있다. 우는 자들과 함께 울며, 즐거워하는 자들과 함께 웃으라고 부름 받았기 때문이다. 우리는 우리의 신앙의 선진들로부터 이러한 언어를 배워 왔고, 지속적인 신앙의 유산 안에 들어와 있기에 우는 자와 함께 울 수 있으며, 웃는 자와 함께 웃을 수 있다.[9]

이러한 차원의 참여는 단순히 친근함이나 공동체성을 뛰어넘는 것이다. 확실히 시작은 친근함과 공동체성에서 시작한다. 그러나 참여의 수준은 마침내 우는 자, 웃는 자들과 함께하는 자리까지 확장된다.

세 번째 수준의 참여는 2장에서 먼저 언급했듯, 신적인 생명에 참여하는 것이다. 예배는 전적으로 삼위일체 하나님의 생명의 신비 안에 참여하기 위하여, 회중이 노래하고, 기도하고, 말씀을 듣고, 만지고, 성만찬에 참여하고, 회복을 경험하는 일종의 연극이나 춤으로 이해될 수 있다. 세일러스는 이것을 "영광의 삼위일체적 춤에 참여함"이라고 부른다.[10] 이 춤을 통하여 '개인은 하나의 예배 공동체로 연합'된다.

이 춤에 참여하는 자들은 증인으로서, 중보적 기도자로서 세상을 향하게 된다. 우리가 예배드릴 때에 우리는 세상을 향하여 신적인 생명의 춤에 들어간다는 것이 무엇인지를 보여 주게 된다. 예배를 마칠 때에 세상으로의 파송은 세상에 신적인 생명을 나르는 것인데, 그것은 바로 그리스도의 이름으로 세상에 정의와 자비를 행하는 것이다.

이러한 세 가지 수준의 참여는 대부분의 회중 안에 분명하게 드러난다. 몇몇은 단지 행동만을 통해서 참여한다. 다른 이들은 회중의 공동체적 삶에 깊이 참여한다. 어떤 이들은 예배 안의 행진, 노래, 기도, 이야기, 성찬, 세례를 통하여 그들 스스로 하나님과 우리 자신, 세상과의 사랑의 춤에 참여하고 있음을 발견하기도 한다. 이것이 예배 안에서 주시는 하나님의 선물이다. 그러기에 "의례는 회중이 참여함으로 인식되고, 창조되고, 작성되고, 연출되어야 한다. 의례를 만들어 가는 자는 앞에 선 목회자뿐만이 아니다. 의례를 만들어 가는 자는 목회자를 포함한 회중 전체다".[11]

비록 예배가 다른 예술적인 공연과 유사하게 보일지 몰라도, 예배는 공연이 아니며, 회중은 관객이 아니다. 예배 음악 디렉터나 리더들은 콘서트나 다른 공연과 유사한 방법으로 연주하고, 노래하고, 말하고, 행동할지도 모른다. 그러나 그들의 역할은 분명히 다르다. 예배는 삼위일체 하나님의 초대를 받은 회중에 의해서, 그들과 함께 드려져야 한다.

많은 교회는 음악을 통하여 좀 더 깊은 참여 수준의 예배로 나아간다. 찬송뿐 아니라 다양한 장르의 음악이 전 세계의 교회 안에서 예배 음악으로 사용된다. 게다가 최근에는 찬송가가 많이 개정되기도 하였다. 예배 음악은 예배 안에서 점점 넓게 활용되어 왔으며, 이것은 많은 교회의 음악적 유산이 되어 지속적으로 예배에 기여하고 있다. 토머스 롱은 이와 관련하여 다음과 같이 언급한다.

> 생명력 있는 교회를 살펴보면 예배 안에서 음악이 점점 더 많이 사용되고 있음을 알 수 있다. 그러나 이러한 변화는 음악의 양적인 증가만을 말하는 것이 아니다. 몇몇 교회가 예배를 단어의 나열로 이해하고, 가끔씩 찬송이나, 송영, 간주 등이 연주되는 것 정도로 예배 음악을 이해하는 것에 비하여, 생명력 있는 교회는 예배 음악을 예배의 전체적인 흐름과 함께 묶고 동행하는 것으로 인식한다.[12]

이러한 방식으로 사용되는 예배 음악은 앞에서 언급한 세 가지 수준의 참여를 모두 강화시켜 준다. 세 가지 수준의 참여를 하면서, 회중은 예배 안에서 더욱 깊이 있는 영성 형성을 향하여 걷는 여정을 시작하게 된다.

음악과 영성 형성

앞에서 어떻게 예배가 우리로 하여금 하나님과 우리 자신과 세상에 대하여 믿는 것을 형성하고 표현하게 해 주는지에 대하여 살펴보았다. 음악은 우리의 영성 형성에 영향을 준다. 그러기에 최근 예배 스타일에 관한 대화 안에는 음악과 영성 형성의 관계가 지속적으로 논의되고 있다.

린다 클락은 "회중의 예배 음악 스타일은 그들의 내적이고, 집단적인 영적세계를 드러나게 한다. 즉, 하나님과 사람들에 대한 회중의 이해와 태도를 드러내며, 또한 그 둘 간의 합당한 관계가 무엇인지를 알려 준다."[13]라고 하였다.

클락은 '경건'이라는 단어로 이러한 내적이고 공동체적인 특징을 표현한다. 그에 따르면, 경건은 예배와 친교와 선교를 통하여 공동체적으로 드러나게 된다. 그리하여 이 경건은 말로 다 설명이 되지 않는 심오한 영역이 된다.

"경건은 단순히 사람의 인식을 말하는 것이 아니며, 그 이상의 심오함을 말하는 것이다." 그러기에 예배 음악은 회중의 선호도에 따라 선택되어서는 안 된다. "예배 음악은 회중의 선호도를 뛰어넘어 거룩한 예배의 장소에 합당한지 고려되어야 한다. 하나님에 대한 묵상과 이해가 이러한 결정의 전제조건이 되어야 한다. 불리는 찬송가도 그러하고 심지어 벽에 칠해지는 페인트 색깔의 결정에도 동일한 기준이 적용되어야 한다."[14]

미국장로교 예배모범은 다음과 같이 단언한다. "기도는 예배의 심장이며" 초대교회 때부터 기도는 우리가 믿는 것에 영향을 미쳐 왔다.[15]

예배 음악인 마이클 혼은 음악의 형성적인 힘에 대하여 말하면서, 회중으로 기도와 노래 사이의 관계에 대하여 다시금 고려해야 함을 권면한다. 한 번의 찬양은 두 번의 기도가 된다는 어거스틴의 말은 우리에게 좋은 영적 안내가 된다. 혼은 세계교회협의회의 앨버트 반덴 허벨의 말을 인용하여 말한다.

> 반복적으로 부르는 찬송은 우리 신앙의 많은 부분을 형성한다. 아마 찬송가는 우리의 시대에 마음 깊이 학습되는 고백일 것이다. 우리가 세례교육을 시킬 때 찬송을 부르면, 찬송은 풍성한 영적문학이 되어 세례교육을 받는 자들의 신앙을 형성하는 위대한 힘이 된다. 찬송은 우리에게 우리 자신의 신앙적 정체성을 알려 준다.[16]

리치몬드에 있는 성 스데반 성공회 교회의 오르간 반주자이자 찬양대 지휘자인 마이클 심슨은 다음과 같이 말한다.

"당신은 얼마나 많은 설교를 기억하여 인용할 수 있나요? 그러나 대부분의 회중은 많은 찬송가 가사를 기억하고 인용할 수 있죠. 나는 찬양대원들에게 우리가 왜 이 곡을 꼭 불러야 하는지 구체적인 설명을 하기도 하죠. 찬양대가 그 곡을 선정하고 찬양하는 주된 이유는 그 곡이 가지고 있는 고백 때문이에요. 그 가사는 찬양이라는 특별한 방법으로 고백되고, 그 가사의 신앙적인 세계관은 회중과 나누어지게 됩니다." 즉, 가사와 음정이 함께할 때, 그 찬송은 우리의 신앙을 형성한다.

예배 음악, 무엇을 어떻게 선곡할 것인가?

복음주의 루터교의 「예배 원리」는 다음과 같이 말한다. "예배 음악은 단순히 가사를 뛰어넘어 회중의 기도를 하나님께 드리는 것이다. 예배 음악은 하나님의 사람들의 기도를 형성하고, 성장시키고, 지원해 준다. …… 우리는 찬양을 통하여 하나님께 기도를 드리게 되는데, 찬양은 기도가 음악적인 흐름 안에서 내용을 전달하게 한다. 이러한 전달에는 가사가 포함되기도 하지만 가사 없이도 표현된다. …… 섬세한 준비와 깊은 생각은 창조의 바람을 일으키며, 회중의 기도를 강화시켜 준다."[17] 그렇다면 '섬세한 준비와 깊은 생각'이란 무엇을 말하는 것일까?

이에 대한 답을 음악의 다양성의 관점에서부터 찾아보자. 존 윗블리엣은 우리가 부르는 것이 곧 우리 자신이라고 말한다. 그는 음악의 다양성에 대하여 말하면서 역사를 통하여 문화적으로, 인종적으로 다양한 음악을 균형 있게 다루어야 한다고 말한다. 그는 좋은 예배 음악은 우리를 형성한다고 말한다. 그는 좋은 예배 음악이란 "거룩하고 사도적인 교회 안에서 모국어로 드리는 기도를 내포하고 있는 음악이다. 좋은 예배 음악은 묵상적인 요소로부터 열정적인 요소까지 포함하는 다양한 감성을 포함한다".[18]

한 연구 결과는 대부분의 교회들이 다양하고 균형 잡힌 예배 음악을 선별하기보다 100곡에서 125곡의 찬송을 반복적으로 사용하고 있다고 말했다.[19] 1장에서 우리가 살펴보았듯이 예배 안에서 무언가를, 특히 예배 음악을 바꾸려고 하는 것은 마치 제3의 궤도에 들어가는 것처럼 쉽지 않다. 그러나 회중의 영성 형성의 관점에서 볼 때, 그러한 위험은 감수할 가치가 있다.

최근에는 예배 음악의 다양한 소스들이 많이 활용되고 고려된다. 새로운 작곡가와 작사가들에 의해서 새로운 봉헌찬송들도 많이 만들어진다. 이것은 세계적인 흐름이다. 지난 수십 년간 변한 것은 예배 음악에 관련된 음악적인 장르와 악기들이 더욱 많이 다양해졌다는 것이다.

생소한 음에 익숙한 찬송가 가사로 노래하거나, 익숙한 음에 생소한 가사로 찬양을 해 본 적이 있는가? 이러한 종류의 새로운 결합은 신선한 통찰력을 우리에게 제공할 수 있다. 어떤 때는 이러한 시도가 단지 새로운 시도를 위한 것처럼 보일 때도 있다. 마이클 심슨은 예배 음악에 사용되는 음과 가사가 온전히 통합되는 데 많은 노력을 기울인다.

"예배에 대하여 스태프들이 함께 논의를 할 때, 언제나 그 시작은 하나님의 말씀에서 나온 주제이다. 우리가 예배 음악을 선별할 때, 우리는 스스로에게 묻는다. 성경말씀을 예배의 각 부분이, 특히 예배 음악이 잘 반영하고 있는가?"

예배 음악과 그 음악에 담겨 있는 가사들이 가지고 있는 신앙 형성적인 능력을 고려할 때, 예배 음악이 제대로 선별되었는지 평가하는 일은 마땅한 것이다.

"찬양의 가사와 음이 서로 잘 연결되어 있는가? 예배 음악이 예배 전체의 흐름과 잘 맞으며, 적당한 시간에 적당한 음악이 제공되고 있는가? 선별된 예배 음악이 회중과 그들의 예배를 잘 돕고 있는가?"

어떠한 개인도 이러한 질문 앞에 충분한 답을 줄 수는 없다. 이러한 질문들은 회중과 그들의 리더들 안에서 함께 갖는 개방적이고 솔직한 대화에 도움을 줄 것이다. 예배 음악의 장르와 스타일에 대한 기준을 점검 양식에 따라 세우는 것은 적절하지 않다. 예배 음악에 대한 기준은 그것의 새로운 훈련과 기존의 전통에 근거한 깊은 묵상과 반추를 통하여 세워지고 판단되어야 한다. 예배는 우리가 드릴 수 있는 최선의 것을 요구한다.

:: 성 스데반 교회의 종려주일 찬양(Photo by Sarah Bartenstein)

하나님께 영광을 돌리고, 회중의 영성을 형성하도록 돕는 목적으로 예배 음악을 사용하고자 할 때, 예배 음악을 효과적으로 형성하고 세우는 일에 목회자, 교육가, 예배 인도자, 회중 리더 등이 서로 협력해야 한다.

일리노이 파크 리지에 있는 성 누가 루터 교회의 예배 인도, 교육, 목회분야의 모든 스태프들은 예배 기획을 위해서 정기적으로 심도 깊은 대화 모임을 갖는다. 앞에서 보았지만 이 교회는 모든 프로그램 리더들 사이에 협력하는 문화가 살아 있어, 이러한 개방적이고 협력하는 문화가 회중의 영성 형성에 영향을 미친다.

만성절(All Saints' Day)[20]을 앞두고, 은퇴 교우들은 친교실에 모여서 신앙인의 죽음에 대한 대화의 시간을 가졌다. 스테판 라손 목사와 크리스티 웨버 목사, 오르가니스트이자 예배 음악 사역자인 앤은 이 모임을 위한 준비 모임을 주관하였고, 그 주제를 "다섯 개의 소망"으로 정하였다. 목회자들은 죽음과 관련하여 갖고 있는 소망에 대한 대화를 인도하였고, 모인 이들은 함께 예배 안에서 찬양하고 기도하였다. 예배에 사용된 음악은 다양했고, 노래에는 힘이 있었다. 이들은 죽음과 소망이라는 주제를 거부하거나 피하려고 하지 않았고, 교회 안에 임재하시고 찬양 받으실 하나님의 내주하시는 위로에 대한 분명한 확신을 가지고 있었다. 그들은 앤으로부터 제공받은 감사와 소망의 찬송 목록을 가지고 부를 찬송가를 선별하였고, 죽음을 그렇게 멀리 두지 않은 자리에서 자신들의 신앙을 노래로 올려드렸다.

예배 음악의 레퍼토리는 지속적으로 변화해야 한다. 찬양이 진정성과 적합성을 지니려면 때와 회중에 맞게 새로운 것들이 추가되어야 한다.[21] 이러한 대화와 선별을 위해서는 마음에 꼭 기억해야 할 몇 가지가 있다. 첫째, 회중을 잘 알아야 한다. 그들의 역사, 정황, 비전을 알아야 한다. 새신자들과 기존 신자들이 서로 예배 경험을 함께 나눌 수 있는 시간과 장소를 만들어야 한다. 예배 경험에 대한 대화를 나누면서 이러한 배경에 대한 이해를 가져야 한다. 이러한 과정을 거치고 나서야 비로소 회중에게 가장 합당한 예배 음악을 선별할 수 있게 된다.

:: 성 스데반 교회의 종려주일 찬양(Photo by Mike Watson)

　새로운 노래를 배우는 것이 몇몇에게는 어려운 일일 것이다. 사실 모든 사람이 예배 안에 새롭게 만들어진 예배 음악을 좋아하리라 기대할 수는 없다. 대신 예배 음악에 대한 우리의 의도와 결정을 용납하고 관대하게 바라보는 마음을 기대하는 것이다. 그러나 이것 역시 쉽지 않다. 코넬

:: 성 스데반 교회의 종려주일 찬양(Photo by Mike Watson)

리우스 프래팅가와 수 로즈붐은 우리의 예배는 바로 그리스도 안에서 공유된 소명으로부터 시작된다는 것을 상기하라고 말한다.

> 그리스도인들은 일반적인 세계관과 신앙의 세계관을 공유한다. 신앙의 세계관이란 세상을 그리스도 예수를 통하여, 그리고 하나님에 의해서 창조되고 구원받은 세계로 보는 관점이며, 또한 그리스도와 연합한 사람들은 "하나님의 나라를 먼저 구함"으로 "그분의 영광의 찬송을 위하여 살아가야 한다."는 관점이다(마 6 : 33, 엡 1 : 12).
> 주님을 향한 우리의 헌신 때문에, 우리는 우리 자신의 구원만을 위하여 즐거워하지 않고 우리의 이웃의 구원을 함께 즐거워한다. 여기서 기억해야 할 것은 우리의 이웃이 우리와 다른 방식으로 그들의 예배와 기도와 기쁨을 표현할 수도 있다는 것이다.[22]

코넬리우스와 수는 우리 예배자들이 정직한 의사소통을 통하여 예배에 관한 솔직한 대화들이 나누어지게 해야 한다고 강조한다. 물론 이 책의 전제는 예배에 관한 회중 안에서의 대화가 예배에 대한 회중 개인의 기호나 선호에 관한 나눔이 되어서는 안 된다는 것이다. 그러나 각 개인의 예배 경험에 대한 의견을 정직하게 개방하여 두지 않는다면 각 개인의 예배 경험은 합당하게 다루어지기 어렵다. 그러기에 예배에 관한 정직한 나눔은 환대의 가치로 옮겨져야 한다. 여기에서 환대란 "다른 사람들과 그들의 관심에 대한 공간을 준비해 주는 것"을 말한다.[23]

우리의 관심은 예배드리는 회중이 예배의 자리에서 하나님을 경외하고 그들이 신실하게 하나님을 섬기는 것이다. 그러므로 진정한 환대는 지금 드려지는 음악 스타일이 회중으로 하여금 그리스도의 부르심에 잘 반응할 수 있도록 돕고 있는지 살펴보고, 그들의 필요를 반영하는 일을 포함하는 것이다.[24]

나는 때때로 예배 음악 사역자들에게 궁금하다. 공연자로서의 정체성이 그리스도 안에 머무는 것의 정체성을 덮어 버리고 있지 않은지에 대해서이다. 예배 음악을 인도하는 사람들의 정체성은 음악가이기 이전에 예배자이다. 예배자로서 회중 모두를 품고 찬양을 인도하는 것은 좀 더 깊은 정직과 환대를 함께 묵상하고 그에 합당하게 반응하는 것을 요구한다.

이러한 관점에서 인내는 예배 개혁에 있어서 오랫동안 중요한 가치가 되어 왔다. 여기서 인내란 우리를 불편하게 하는 사람들을 참아 주고자 하는 의지를 말한다.[25] 이는 예배에 관련된 이슈에 관하여 항복하거나 포기하는 것을 말하는 것이 아니라 예배에 관한 보다 큰 관점을 유지하는 것을 말한다. 인내는 우리로 하여금 좀 더 중요한 목적으로 나아가게 하기 위해서 우리 자신의 입장만으로 선택하기를 유보하고, 회중 전체에 의해서 드려지는 하나님을 향한 신실한 예배에 보다 집중하게 한다. 이러한 인내를 통하여 우리는 "우리의 이웃을 향하신 하나님의 풍성하신 뜻을 향한 선한 의지를 드러낸다".[26]

정직과 환대와 인내의 가치를 끌어안으려고 할 때 우리는 적어도 두 가지를 고려해야 한다. 첫째, 개인으로서 우리는 이러한 가치를 통하여 지속적으로 그리스도를 닮아 가야 한다. 둘째, 공동체로서 우리는 세상 속에서 정직과 환대와 인내의 가치를 드러내며, 이에 대한 증인으로 살아야 한다.

예배에 모인 회중은 그들을 인도하는 신실한 예배 음악 사역자들을 허락하신 하나님께 감사를 드린다. 폴 웨스터메이어는 예배 음악 사역자들을 '음악이라고 하는 하나님의 은혜로운 은사를 맡은 청지기'라고 말한다. "이러한 은사는 매우 큰 영향력을 갖기에, 음악 사역자는 큰 능력을 부여받은 청지기이다. 그런데 이러한 힘이 이기적으로 사용된다면 너무나 쉽게 오용될 수 있다. 그러기에 예배 음악 사역자들은 모든 복의 근원이신 그리스도 안에서 역사하시는 하나님을 대리하지만, 동시에 제한점을 갖고 사역하는 역설(paradox)을 갖게 된다."[27]

그러므로 음악은 예배의 모든 상징적인 언어와 함께 동역한다. 만일 음악 없이 예배 행진이 진행된다면 어떤 일이 일어나겠는가? 성경봉독과 설교 이후에 찬송가를 부르는 순서가 없다면 어떻게 되겠는가? 회중이 하나님을 만나도록 돕고 하나님의 임재에 참여할 때의 감탄을 표현하는 것은 예배 음악 사역자들이 감당해야 하는 많은 역할 중의 하나이다. 결국 예배 음악이 회중의 독특한 특성을 잘 이해하고, 찬양 곡들이 각각 예배 전체 안에서 감당하는 역할을 고려할 때 마음을 다하여 하나님께 찬양을 올려드리는 예배의 궁극적인 목적에 이를 수 있게 될 것이다.

:: 대화를 위한 기준과 질문들 ::

아래에 있는 질문 중 자신의 교회에 중요한 사안들을 두세 개 정도 선택하여 대화를 나누어 보자.

:: 질문들(묘사 – 분석 – 상상 – 적용단계) ::

1. 기준 : 교회 안에서 가장 우선적인 악기는 회중의 목소리이다.[28] 그리고 예배 회중이 주된 앙상블이며, 그 회중이 부르는 노래는 예배 안에 있는 모든 음악의 핵심이다.[29]

   1) 묘사단계 : 예배 안에서 회중의 목소리가 갖는 위치를 묘사하라. 예배 안에서 우선적인 음악적 악기는 무엇인가?

   2) 분석단계 : 어떻게 예배 안에서의 음악이 회중의 영적인 삶을 형성하는 데 영향을 끼쳤는가? 혹은 영적인 삶을 방해하는 데 영향을 끼쳤는가?

   3) 상상/적용단계 : 어떻게 하면 인간의 소리가 예배에 쓰이는 음악에 좀 더 풍성하게 포함될 수 있는가?

2. 기준 : 예배 음악이 제공하는 음악적 형태와 소리는 회중이 하나님과 자신과 세상을 이해하는 데 도움을 준다.

   1) 묘사단계 : 예배 안에서 사용된 음악의 분위기와 장르와 감정은 어떠하였는가?

   2) 분석단계 : 예배 시간에 사용된 음악이 회중으로 하여금 하나님과 자신과 세상을 이해하는 데 어떠한 영향을 끼쳤는가?

   3) 상상/적용단계 : 어떠한 예배 음악적 변화가 회중으로 하여금 예배 안에서 하나님과 자신과 세상을 이해하는 데 좀 더 도움을 줄 수 있는가?

3. 기준 : 예배 음악의 레퍼토리를 확장시킬 때, 우리는 환대와 정직과 인내의 가치를 고려해야 한다.

   1) 묘사단계 : 환대와 정직과 인내의 가치적 관점에서, 회중이 예배에 사용할 음악을 선별할 때 어떤 과정을 경험하는가?

   2) 분석단계 : 이와 같은 과정들이 예배 안에 다양한 음악 장르, 분위기, 감정들을 잘 표현하도록 어떻게 도움을 주는가? 혹은 방해하는가?

   3) 상상/적용단계 : 예배에 관한 결정을 내릴 때에, 어떻게 하면 회중으로 하여금 환대와 정직과 인내의 가치를 더욱 잘 적용하게 하고, 이를 효율적으로 실천할 수 있는가?

미주.

1) Donald E. Saliers, "Singing Our Lives," in *Practicing Our Faith : A Way of Life for a Searching People*, ed. Dorothy C. Bass (San Francisco : Jossey-Bass, 1997), 183-184.

2) John XXIII, Bishop of Rome, Constitution on the Sacred Liturgy, in *Documents of Vatican II*, ed. Walter M. Abbott (New York : Guild Press, 1966), 144.

3) ELCA, *Principles for Worship*, 26.

4) 위의 책, 28.

5) C. Michael Hawn, "Reverse Missions : Global Singing for Local Congregations," in *Music in Christian Worship : At the Service of the Liturgy*, ed. Charlotte Y. Kroeker (Collegeville, MN : Liturgical Press, 2005), 106.

6) Saliers, "Singing Our Lives," 182.
7) Donald E. Saliers, "Sounding the Symbols of Faith : Exploring the Nonverbal Languages of Christian Worship," in Kroeker, *Music in Christian Worship*, 17-26.
8) 위의 책, 23.
9) 위의 책, 23-24.
10) 위의 책, 24.
11) Michael S. Driscoll, "Musical Mystagogy : Catechizing through the Sacred Arts," in Kroeker, *Music in Christian Worship*, 36.
12) Long, *Beyond the Worship Wars*, 61.
13) Linda J. Clark, Joanne Swenson, and Mark Stamm, *How We Seek God Together : Exploring Worship Style* (Bethesda, MD : Alban Institute, 2001), 15-16.
14) 위의 책, 17-18.
15) PC(USA), Directory for Worship, W-2.1001.
16) Hawn, "Reverse Missions," in Kroeker, *Music in Christian Worship*, 107.
17) ELCA, *Principles for Worship*, 35.
18) John D. Witvliet, "We Are What We Sing," *Reformed Worship* 60 (June 2001) : 6.
19) 위의 책.
20) 역자주 : 모든 성자들의 축일이라고 불리는 만성절 혹은 제성절은 로마가톨릭에서 지키고 있는 성자들 중심의 절기(Sanctoral cycle) 중의 하나로, 매년 11월 1일이다. 종교개혁자들로부터 시작하여 개혁교회에서는 개인으로서의 성자들을 기념하고 숭배하는 것은 잘못된 것이라 하여 만성절을 지키는 것을 거부해 왔다. 그러나 성자들의 삶은 우리 그리스도인의 신앙생활에 모범이 되며, 또한 우리에게 허다한 무리의 신앙적 증인이 있음을 알려 준다는 의미에서 긍정적인 면도 있기 때문에, 현재 만성절은 성인들의 삶을 숭배하는 것이 아니라 그들의 모범적인 삶과 신앙을 기억하고 따르려는 관점에서 점점 개혁교회 안에 빠르게 전파되고 있다. 정장복 외, 「예배학 사전」(서울 : 예배와 설교 아카데미, 2000), 196-197.

21) For the suggestions in this section, I depend on Clark et al., *How We Seek God Together*, 90−91.
22) Plantinga and Rozeboom, *Discerning the Spirits*, 5−7.
23) 위의 책, 8.
24) 위의 책, 9.
25) 위의 책.
26) 위의 책.
27) Paul Westermeyer, *The Church Musician*, rev. ed. (Minneapolis : Augsburg Fortress, 1997), 41.
28) ELCA, *Principles for Worship*, 26.
29) 위의 책, 28.

worship matters
A Study for Congregations

예배를 디자인하라

초판발행	2015년 3월 30일
3쇄발행	2020년 2월 20일

지은이	제인 밴
옮긴이	신형섭
펴낸이	채형욱
펴낸곳	한국장로교출판사
주　소	03129 / 서울시 종로구 대학로 19, 409호(연지동, 한국기독교회관)
전　화	(02) 741-4381 / 팩스 (02) 741-7886
영업국	(031) 944-4340 / 팩스 (02) 944-2623
등　록	No. 1-84(1951. 8. 3.)

ISBN 978-89-398-4077-5 / Printed in Korea
값 10,000원

편 집 장	정현선		
교정·교열	이슬기, 김효진	표지·본문디자인	김보경
업무국 부국장	박호애	영업국 부국장	박창원

※ 이 출판물은 저작권법에 의해 보호를 받는 저작물이므로 무단전재와 무단복제를 할 수 없습니다.